文春文庫

徳川慶喜家にようこそ

わが家に伝わる愛すべき「最後の将軍」の横顔

徳川慶《よし》朝《とも》

文藝春秋

天国にいる曾祖父慶喜様へこの本を捧げます。

昭武さんと仲よく釣りをしていらっしゃいますか？
いつかわたしもそちらに行ったときは、仲間に入れてください。

第四代徳川慶喜家当主　徳川慶朝

（注）昭武さんとは徳川昭武のこと。慶喜の弟であり、水戸藩主だった。

企画編集　メディアプレス
取材協力　松戸市戸定歴史館

徳川慶喜家にようこそ

目次

徳川慶喜家にようこそ

わが家に伝わる愛すべき「最後の将軍」の横顔

世が世なら将軍徳川慶朝？

●あの徳川一族です

わたしの名は徳川慶朝《とくがわよしとも》という。

ずいぶんとご大層な名前だと思われるかもしれないが、芸名でもペンネームでもない、れっきとした本名である。

曾祖父の名は、徳川慶喜《よしのぶ》といった。徳川幕府の第十五代の将軍、「最後の将軍」ともいわれた人である。

わたしはこの徳川慶喜の直系の曾孫として生まれた。将軍職を降りた徳川慶喜家を継いだのが、七男だった慶久《よしひさ》。この人がわたしの祖父にあたる。

さらに慶久のあとに慶喜家を継いだのが、わたしの父である慶光《よしみつ》。その慶光の長男がわたしである。

徳川幕府の最後の将軍というと、幕末に薩摩や長州によって殺されたとでも思っている人もいるらしいが、お生憎《あいにく》さま。慶喜は明治になっても生きつづけ、亡くなったのは、大正二（一九一三）年のことなのだ。

だから、その血も綿々と伝わり、わたしも無事にこうして生を得ている。

徳川という名字は、やはり珍しいらしい。だから、わたしの差し出した名刺などを見ると、たいがいの相手はわたしの顔をそっとうかがい、それからこんなふうに尋ねたりする。

「徳川さんというと、やっぱり、あの徳川さんですか？」

「あの徳川というのは、どの徳川ですか」

と、わたしは苦笑いしながら、聞き返す。

「いや、その、徳川家康《いえやす》とか、吉宗《よしむね》とかの」

「ああ、家康とか吉宗とかのね」

この相手が単なる通りすがりのような人であったら、わたしは、

「まあ、そんなところですかね、むにゃ、むにゃ……」

そんなように、適当な返事でごまかしてしまう。

しかし、その相手が仕事関係の人であったりすると、あまり無下《むげ》にもできないので、

「ええ。わたしは十五代将軍だった徳川慶喜の直系になります」

と、正直に答えざるを得ない。

すると、相手はまるで判で押したように、こう言って、感心してくれるのである。

「へえ、それじゃあ世が世なら、将軍さまじゃないですか……」

●将軍のなにがいいの？

わたしのことを「世が世なら将軍だ」と言いながらも、別にその人は、とくに恐れ入るわけでもなければ、貢《みつ》ぎ物を差し出してくれるわけでもない。ましてや、竹の竿《さお》にはさんだ直訴状を取り出したりもしない。なんだか、珍しい動物でも見たように、

「ほお～っ」

と驚くばかりである。

それから二言目には必ず、

「昔だったらよかったですなあ」

と慰めてくれるのである。

この、「昔だったらよかったのに」というセリフを、いままで何度、聞かされたことだろうか。正直言って、耳にタコができてしまった。

だいたいこんなことを言う人にかぎって、将軍というものがどんな不自由な生活を送っていたのか、あまりご存じではないようなのである。

ハーレムのような大奥で、美女数千人に囲まれつつ、酒池肉林の暮らしを送っていたのだろうといった認識でしかない。

あるいは、一歩進むたびに、家来たちがひれ伏し、外に出れば出たで、農民や町人が

土下座して這いつくばるというイメージしかない。ほとんど人間ドミノ倒しでも見るような面白さを想像するのだろう。

しかし、将軍などというのは、絶対にそんな甘いものではなかったはずである。のべつ、誰かがついて回る。トイレに行くときも、食事のときも、そして寝るときも、決して一人にはさせてもらえない。

そもそも将軍の食事などというのは、いったんつくった食事を大勢で毒味をしてすっかり冷えきってしまったものをもう一度温め直して、また冷めたものを食わされたものらしい。これじゃあどんなにうまいものも、わざわざまずくしているようなものである。

毒殺はもちろん、暗殺も恐れなくちゃならない。

曾祖父の慶喜は、寝込みを襲われて刀で斬りつけられたときも、決して利《き》き腕を斬られないよう、生涯、右腕を下にして寝るのが習慣だった。大口を開けて、大の字になって寝ることさえできなかったのである。

わがままだって、そうそう言えるはずがない。下手なことを言おうものなら、家来を切腹にまで追いこんでしまうかもしれないからである。

これは明治になってからの話だが、孫のひとりが庭の木にのぼって姿が見えなくなった。屋敷の者たちが大騒ぎで探すと、ようやく木から降りてきた。その孫に向かって、慶喜はこう言って叱ったという。

「下々の者に心配をかけるでないッ」

つまり、それだけ気をつかって暮らさなければならなかったのである。

このほかにも、将軍の不自由さを数えあげたらきりがないだろう。こんな境遇を誰が望むものだろうか。

慶喜にしても、決して自ら望んで将軍になったわけではない。周りの人たちに、なかば無理矢理に将軍の座へと引き上げられたのである。

慶喜が、自分を将軍に擁立しようとしていた父の斉昭《なりあき》――この人は烈公《れっこう》という諡《おくりな》のほうが有名だが――に送った手紙には、その気持ちがはっきりと書かれてあった。

「天下を取ることほど気骨の折れるものはない。骨の折れることだから嫌だというわけではないが、天下を取って失敗するより、はじめから天下を取らないほうがいい。父君はそのような動きをやめていただきたい」

慶喜は意に反して、将軍の座につかざるを得なくなってしまったのだ。

このように、将軍なんて好んでなるようなものではないのである。

それなのに、そんな可能性がない人にかぎって、いいかげんな妄想をもとに、

「昔だったら将軍になれたのに、惜しかったね」

というようなことを、無責任に言ってくる。わたしとしては、うんざりして俯《うつむ》いてしまうしかない。

●江戸は遠くになりにけり

とはいえ、さすがに江戸時代が終わって百年以上もたつと、徳川の威光というのも薄くなったものだと感心することもある。

わたしが以前、勤めていた会社の若い女子社員は、徳川などなにするものぞという気概というか、無知というか、そういうものに溢れていた。

あるとき、わたしはその女子社員に、

「徳川さんは、田舎はどこなのですか？」

と聞かれたことがあった。

厳密にいうと、わたしは静岡県で生まれ、生後まもなく、東京に移り住んだ。もともと本籍地は東京だったし。だから、そのどちらかを答えてもいいのだが、徳川という家がどんなものだったか、多少なりとも知っている人は、こういう質問はしてこない。

あるいは、徳川といっても、尾張か紀州か水戸かという意味をこめる場合もあるだろうが、この女子社員はそういうことを考えたわけでもないらしい。

わたしは、よほど、

「わたしの田舎は、じつは日本国の全部なんだよ」

と答えてやろうかと思ったが、たとえそう言ったとしても、その女子社員は、

「またまた、冗談ばっかし」

と、笑ってわたしの肩を叩いたことだろう。

実際、その女子社員は、こうも聞いたことがあった。

「あれ、トクガワさんのトクの字は、損得の得でしたよね……？」

将軍の威光などといったって、現代の若い女のコたちには、この程度のものである。

●徳川の埋蔵金はどこにあるのか

だが、さすがに中年から上の人たちにとっては、徳川の名は、さまざまなイメージをかき立てるものらしい。

とくに、わたしが大金持ちであるかのように、思いこんでしまう人はあきれるくらいに多いのである。

これはなかなか信じてもらえなくて弱ってしまうのだが、わたしは生まれてこの方、一度だって、大金持ちだったことはない。

わたしは、つい数年前までは、社員数六、七十人の広告制作会社に、カメラマンとして働く、平々凡々たるサラリーマンだった。その会社におよそ二十年勤務したのだ。

サラリーマンの生活自体はそれほど嫌いではなかったのだが、その後、いくつかの事情から会社を辞め、写真家として独立することになった。

だから、わたしはいま、フリーのカメラマンなのである。

ご存じのように、フリーというのはたいへん厳しい。おかげで、現像のための暗室や、撮影のためのスタジオを持ちたいと願いつつも、資金難でなかなか叶えられずにいる。そんなわたしがどうして金持ちであろうか。

サラリーマン時代だって、収入も生活もサラリーマンのそれ以上でも以下でもなく、まさにごくふつうの暮らしだった。

「嘘ばっかり。徳川慶喜家に伝わった、莫大な財産や財宝があるでしょうよ」

と世間の人は言うのだが、そんなものはないのである。嘘ではなく、先祖から伝わった土地も、小判も、まったくないのである。

「徳川慶喜が、明治政府に逆襲をはかるため、どこかに隠した埋蔵金なんかはないんですか？」

そんなものがあるんだったら、隠し場所の地図を教えていただきたいものだ。

どうやら、世間の人たちは、地方のお殿さまたちの子孫のことをイメージするらしい。たしかに、地方のお殿さまの子孫のなかには、先祖代々の土地や、いまも残るお城などのおかげで、裕福な暮らしを送っている人もいるようだ。

いわば、「旧領地」のある人はいいのである。

だが、慶喜の場合は、なまじ将軍になってしまったため、明治維新ですっかり失う羽目になってしまった。八百万石といわれた徳川家の領土も、住まいだった江戸城も、何もかもである。殿さまの上の上さまになってしまったから、こんなとんでもないことが起きてしまったのである。

ただし、明治も後年になって、慶喜は名誉を回復して公爵の爵位をたまわり、第六天町《だいろくてんちょう》（現在の東京都文京区）というところに、敷地三千坪ほどの屋敷をもつ程度にはなった。これだって、ほかの大名の子孫や、明治新政府の高官などに比べたら、たいした屋敷ではなかったのだが。

ところが、その屋敷ですら、第二次大戦後の華族制度廃止や財閥解体のあおりを受け、莫大な財産税を課せられ、それを払うために、土地も建物もまるごと物納してしまった。そして、わたしが生まれた昭和二十五（一九五〇）年頃には、もはや財産らしきものはすっかり失われてしまっていたのである。

もっとも、わたしは徳川慶喜家の財産が失われたことを嘆いているわけではない。これでよかったのだと思っているのだ。

だいたいが、人間が中途半端に小金をもつと、欲深さが刺激され、もっとお金が欲しくなって、結局は散財してしまうものだ。わたしだって、なまじ財産など残されていたら、やはり同じような羽目になったかもしれない。

わたしはよく、

「食べたいときに、いつでもウナ重が食べられるくらいがちょうどいい」

などと言ったりするのだが、その程度で満足しているべきではないだろうか。

●慶喜は後半生が幸せだった

ふだん、自分が徳川慶喜の曾孫だということなど、ほとんど意識せずに生きてきた。よほど莫大な恩恵でも受けていたなら、そういうことも意識するのかもしれないが、幸か不幸かそれもなかったので、徳川慶喜はあくまでも歴史上の、はるか過去の人物にすぎない。

ときどき、友人などから、

「中学や高校の日本史の教科書などに、ひいお祖父《じい》さんの名前が出てきたときは、どんな気持ちがした？」

と聞かれたりもするが、とくに中学、高校の頃など、何も思わなかったというのが正直なところである。実際、中高生に、顔も見たこともない曾祖父について、なにか感じろと言ったって、無理というものだろう。

しかも、学校の歴史の授業では、人名が出てきたからといって、その人物のパーソナリティや喜びや悩みなどについて、想像力をたくましくするような教え方などしていない。徳川慶喜にしても、単に丸暗記の対象のようにしか登場してこない。それで、なにかを感じろと言われても、無理だろう。

ただ――。

最近になって、慶喜の人柄や行動について、読んだり聞いたりするたび、もしかしたらわたしも、その血を色濃く受け継いでいるのかもしれないと、思うようになった。

というのは、慶喜の行動や性癖などが、じつによく理解できるのである。わたし自身、同じことをしただろうと思うことが、いっぱいあるのである。

そして、結論めいたことを言ってしまうと、徳川慶喜という人は、将軍職にあったときよりも、その後、静岡や東京で暮らしていた頃のほうが、絶対に幸せだったと思うのだ。たとえ、強大な権力など失われても、美女三千人の大奥がなくなっても、自由に趣味に没頭できた日々のほうが、はるかに幸せだったはずだと。

同じように、わたし自身も、世が世なら将軍さまなどということにならなくて、つくづくよかったと思う。権力や大奥よりも、歴史に名を残すことよりも、好きなことをのんびりやれる自由や、熱いものを冷めないうちに食べられる暮らしのほうが、わたしの性分には合っているからである。

▲爵服姿の慶喜。将軍職を降りたとき、慶喜はまだ32歳だった。以後、静岡に30年間暮らし、明治30年に東京に移住し、77歳で亡くなるまでを第六天の屋敷で生活した。明治35年に公爵を親授。

徳川慶喜の血を感じるとき

●遺伝した写真好き？

わたしがカメラマンという職業を選んだとき、徳川慶喜についてよく知っている人たちからは、

「やはり、お血筋でしょうかね」

ということを言われた。慶喜にはじつにたくさんの趣味があったのだが、写真はそのなかでもとくに没頭したものだったからである。

慶喜は写真を撮るのが好きだっただけでなく、撮られるのも好きだった。だから、維新前後の貴重な資料となるような写真も数多く残してくれた。写真を撮ると、魂まで抜かれてしまうなどといわれた時代に、そんな迷信など歯《し》牙《が》にもかけず、バンバン写真を撮られまくった慶喜の豪胆さは、やはりたいしたものだと思う。

慶喜が知ったら喜ぶかどうかはわからないが、その曾孫がカメラマンである。

写真好きという趣味がそのまま遺伝するとは思えないが、ただ、この世には写真とい

うものに対して本能的な興味をもつ人種はたしかに存在する。写真の何が人をひきつけるのかはわからないが、ある種の人たちは、写真を撮ることにやたらと情熱を燃やし、カメラに凝り、自分で現像までしたくなるのである。

そういう興味の向かい方というのは、遺伝するものなのかもしれない。

誤解されることもあるので断っておくが、わたしが写真に対して興味をもったのは中学生の頃である。

そのときは、徳川慶喜が写真が好きだったなんてことは、まったく知らなかった。それを知ったのはもっとずっとあとの、わたしが写真学校へ通い出してからのことである。だから、わたしは別に曾祖父の真似をしたわけでもなければ、影響を受けたわけでもない。純粋にわたしの内部からわき上がった興味だったのである。

●頑固さも慶喜ゆずり

わたしは写真好きが高じて、結局、カメラマンの道を選ぶことになったのだが、これは周囲が望むような選択ではなかった。

あれは大学卒業を間近にしたあたりだったか、わたしは当時の経団連の植村甲午郎《うえむらこうごろう》会長にお会いしたことがあった。

経団連の会長にお会いしたというと、一般の人たちはやはり徳川の威光があるじゃないかと思うらしい。そういう意味なら、たしかに人脈ということでは、一般の人たちよりは恵まれていると思う。

だが、人脈というのはそれだけで財産とか地位に結びつくわけではなく、それを自分の目的に巧みに利用してはじめて、ビジネスや出世に結びつくのである。ところが、わたしの目的は、ビジネスや出世とはまるでお門違いの写真というものだったので、貴重な人脈はほとんど役に立たなかったというのが実情なのだ。

このときも、植村会長には、こんなことを聞かれた。

「きみは、将来、どういう道に進みたいのかね。政界かね、それとも財界かね」

わたしにどちらかの道を選択する気持ちがあったのなら、そこできわめて有用なアドバイスや人の紹介を得ることができたのだろう。だが、わたしは政治などにはまったく興味がなかったし、営業や経理などもとうてい自分にはできないこともわかっていた。

このため、わたしの答えは経団連の会長の想像を超えるものとなった。

「いや、僕は写真家になりたいのです」

「写真家だって……?」

さすがの植村会長もこればっかりは自分の範囲外だったらしく、たいへん困った顔をされた。こうして、せっかくの面会も、会長をあきれさせるだけで終わったのだった。

カメラマンになるのは、家族も反対だった。わたしの母は、

「カメラマンで食べていくのはたいへんだから、ふつうの会社に勤めなさい」

と忠告したが、結局、わたしは誰の意見もとり入れず、広告会社にカメラマンとして

勤めることにしたのだった。

徳川慶喜という人もまた、自分の節を簡単には曲げないところがあったらしい。

慶喜には数多くのあだ名があるのだが、そのひとつに『剛情公』というものもあった。剛情の気質は子どもの頃からのもので、読書嫌いの慶喜に本を読ませるため、侍従たちが、

「読書をしないなら、指に大きなお灸をすえます」

という乱暴な方法をとったのだが、

「本など読むくらいなら、お灸をされたほうがましだ」

と大きなお灸にも耐えつづけたほどだったという。

剛情と頑固ではいくぶんニュアンスが違うにしても、自分が納得しないことはてこでもやらないというわたしの性格もまた、血の流れに乗って、先祖から伝わってきたもののような気がする。

●凝るとムキになる

徳川慶喜の性格的な特徴としてよく知られているのは、物事に凝ると、止めどがなくなるというところである。

司馬遼太郎の書いた『最後の将軍』には、飯盒《はんごう》のエピソードが登場する。これは、渋沢栄一の編纂した『徳川慶喜公伝』でも紹介されているエピソードである。

明治三十六（一九〇三）年、慶喜はこのとき従一位、公爵になっていたが、大阪に旅行したことがあった。このとき、砲兵工廠《こうしょう》を見学したのだが、大砲などにはほとんど興味を示さず、ただこの工廠で製作中だったアルミニウム製の飯盒にひどく興味をひかれた。

「これで、どうやって飯を炊くのか?」

と尋ね、その方法を教えてもらうと、一個をもらって帰ることになった。

帰京した慶喜はさっそく居間の火鉢で、この飯盒をつかって飯を炊いた。すると、ふだん食べている飯よりもおいしいではないか。慶喜はそれから、いつもこの飯盒をつかって飯を炊くようになった。

だが、そのうちに、アルミニウムは人体に悪影響はないのかと心配になってきた。

わたしは、この慶喜の疑問の鋭さに驚きを覚える。最近になって、アルミニウムはアルツハイマー病の原因になるという学説が登場しているのである。

アルミニウムが有害だなんて、当時の人はほとんど気にもかけなかったことだろう。

事実、アルミニウムの弁当箱などは、わたしが子どもの頃まで一般的に使用されていた。

ところが、慶喜はすでに、明治三十六年の段階で、それに疑問をもち、砲兵工廠の技官に問い合わせた。その答えは、

「アルミニウムは軍隊でつかい出してまだ間がなく、くわしい試験もしたことがないのではっきりした返事をすることはできませんが、銀製であれば、人体に無害なことは確

▲乗用の馬・飛電。慶喜の趣味はじつに多岐にわたった。大弓、打毬、狩猟、放鷹、謡曲、投網、絵画などをよくし、なかでも写真には深くのめりこんだ。人物、静物、風景、身の周りのものなんでもカメラにおさめた。　（撮影：徳川慶喜）

実であります」

というものだった。

すると慶喜は、さっそく飯盒にするだけの銀塊を送り、それで飯盒をつくってもらったのである。

やがて、銀の飯盒が届けられると、慶喜はたいへん喜び、その後はずっと、毎日の飯をこの銀の飯盒で炊きつづけたらしい。

ちなみに、この銀の飯盒の行方はまったくわからない。

このエピソードこそ、慶喜の凝り性ぶりをあますところなく伝えている。大砲の工場を見学に行って、飯盒に興味を示すところもユニークだが、興味をもつと、まず自分で試してみたくなるという性分なのだ。

いくら時代が変わったとはいっても、元将軍である。それがわざわざ自分で、飯を炊いてみるというのだから、周りの人たちはどう思ったことか。しかも、素材にまで気を配り、ついには独自の銀製の飯盒までつくらせてしまう徹底ぶりである。

旺盛な探究心に感心するか、単なる物好きとみるか、世間の反応はさまざまだろうが、慶喜のこうした気質は、わたしにも確実に伝わってきているような気がする。

●ビーフシチューのソースに凝る

わたしはあるとき、ビーフシチューという料理はどうやってつくるのか、疑問を抱いてしまった。

あんなものは、市販のビーフシチューのソースを買って来て、それを混ぜればいいだけじゃないかと言われたりするが、それでは気がおさまらない。そのソース自体をどうやってつくればいいのかが知りたいわけである。

レストランに行って、そのつくり方を聞いても、まともにつくっている店は少ないから教えてくれるわけはないし、教えてくれるようなレストランは、こっちが知りたいと思うような味ではない。

この疑問は長いこと、わたしの頭にあった。

そのうち、料理にくわしい知人が、「ミセス」という婦人雑誌にちゃんとしたデミグラスソースとビーフシチューのつくり方を発表したのである。

わたしはさっそくこの雑誌を購入し、そのレシピを読んで試してみることにした。

すると、原理自体はどうということはないのである。材料だって、それほど特別なものはない。牛の骨と鶏の手羽をオーブンでこんがり焼き、完熟トマトやセロリなどといっしょに、大きな鍋で煮こみつづければいいだけである。

では、なにがたいへんかというと、とにかくやたらと時間がかかるのだ。

コトコトと煮こむこと三週間。そのあいだ、一日に二回は火を入れなければならない。

しかも、途中でこれをこしたりしなければならないのである。

おそらくふつうの人は、こうしたものを読んでも実際に試してみることはほとんどないのだろうが、それをわたしはやってみた。やらずにはいられなくなってしまったのである。

こうしてわたしは、他人の手はまったく入らない完璧なビーフシチューのソースをつくり上げたのだが、さて味のほうはといえば、おいしいことはおいしいが、わざわざ三週間をかけるほどでもないといった程度のものであった。

しかし、これを徒労と呼ばれると心外なのである。興味をもつと、とにかくなんでも一からやってみたくなる——これは、わたしの家系に伝わってきた伝統のようなものだし、やらずにおくとかえって精神衛生上、問題なのだから。

一時期オーディオに凝ったこともある。

子どもの頃、わが家はそれほど裕福ではなかったため、ステレオというものがなかった。友人の家で豪華なステレオセットを目にすると、羨ましくてたまらなかったものである。

やがて、わたしは会社勤めをするようになると、安くステレオを揃えようと、秋葉原でアンプとプレイヤーとヘッドフォンを買った。その後、不器用なわたしでも大丈夫な、バックロードフォン式スピーカーキットを組み上げ、好きなスピーカーユニットを入れると、なんとかステレオらしきものになった。

ところが、こんなものがあると家が狭くなるなどと家人に言われて、ついに友人にゆずってしまった。このときはずいぶん寂しい思いをしたものだった。

その後、しばらくオーディオのことは忘れていたのだが、最近になって、松戸《まつど》市の戸定《じょう》歴史館に勤める吉田敏夫さんという方が、わたしのために真空管アンプをつくってくれたのである。

これで、忘れていたオーディオ熱が再燃してしまった。いまはまた、どうにかして、ちゃんとしたステレオセットを揃えたいと思っているところである。

ところで、そこまでこだわるオーディオで、どんな音楽を聞くのかだが、わたしの興味はたいへんに幅が広い。幅の広さを通り越して、とりとめがなさすぎるのだ。

先日も、音楽の趣味を教えてくれと言われて、ＣＤコレクションを見せたところが、相手は絶句してしまった。

どうもわたしの音楽趣味は、他人の想像を絶するものであるらしい。

●感動のためには努力を惜しまない

これは凝り性にも通じることなのだが、わたしは感動するためなら、苦労を嫌だとは思わない。感動の対象は、おいしいものであったり、いい写真であったりするが、それを得るためには、遠くであろうが、重い荷物を抱えようが、喜んで出かけて行くのである。そして、慶喜にもそんなところがあったようなのだ。

静岡にいる頃、慶喜はいい写真を撮るため、しばしば汽車に乗って出かけて行った。プロの写真師ならまだしも、慶喜の写真はあくまでも趣味である。それなのに、いい写真を撮りたい一心で出かけて行った。

また、慶喜は一時期、投網《とあみ》に凝ったことがある。ところが、投網などというのは、素人が簡単にできることではない。網を丸く広げて投げるのは至難のことなのである。

慶喜はそれを夢中になって練習した。わざわざ漁師のところを訪ねて、教えを乞うたりもした。やがて練習のかいがあって、慶喜は見事な投網のわざを身につけてしまうのだが、こうした努力もひとえに感動を得たいがためだったような気がする。

そして、慶喜もわたしも、ほかの人よりも感動の度合が激しいのではないか。要するに感激屋なのではないだろうか。

おいしいものを食べたとする。ふつうなら、

「ああ、おいしいねえ」

といった程度でも、わたしや慶喜は、

「うわっ、こ、これは、おいしい……！」

と絶句してしまうわけである。

慶喜は立場が立場だけに、そうそう自分の感激ぶりをあらわにはできなかっただろうが、内心ではそんなふうだったような気がする。

ただ、こうした性向は周囲にも影響を与えることがある。わたしなどは、われながら怖いと思うのだが、飲食店の主人などに、ついつい、ああしろこうしろと指図したくなってしまうのである。

こうすればもっとおいしくなるのに、もっと感激できるのに、という思いが、余計なお世話にまで発展しかねないわけだ。

しかし、それをすれば相手の気分を害してしまう。かくしてわたしは、じりじりしながら、料理人の手もとを眺めつづけてしまうのである。

●ボーッとするのがストレス解消

これはあまり資料や文献などには出てこない話らしいが、徳川慶喜という人は、どことなくボーッとした様子に見えることがよくあったらしい。ただし、テレビなどに登場するバカ殿などをイメージしてもらっては困る。おそらく深い考えごとにふけってしまうと、はた目にはそんなふうに見えたということなのだろう。

そして、わたしもまた、ときおりボーッとしていて、

「慶朝さん、大丈夫ですか？」

などと言われたりする。

もっともわたしの場合は、深い考えごとをしているというより、ストレスのなせるわざなのである。ストレスがたまると、イライラするよりはぼんやりしてしまう体質らしい。

平和ないまの時代に、のんびり生きているわたしがストレスに苦しむなどと言うと、日本の激動期に責任を一身に背負わされた慶喜からは笑われそうである。

そして、その性癖もまた、わたしにまで伝わってきているようなのである。

慶喜が味わったストレスと、現代でのんびり生きているわたしのストレスとでは、その深刻さはとても比べられないのはわかっている。だが、ストレスの大きさを比べるのは意味がないことで、わたしだって、全身がカチカチに凝ってしまうほどのストレスを味わうことは少なくない。

そんなときわたしは、なにもかもうっちゃって、旅先で温泉につかったり、温泉に行く余裕がないなら近くの健康センターの風呂に一日中つかったりして、とにかくなにも考えずに過ごすのである。

ところが、ただボーッとするだけといっても、これが意外に難しい。いまの世の中、サービス過剰というか、サービスの勘違いというか、どこへ行ってもやたらと干渉されすぎて、なかなかぼんやりできなかったりするのだ。

加えて、わたしはこの名前だから、行く先々で、いちいち同じ質問攻めにあったりしがちである。

あるとき、わたしは東北地方にある某温泉で、ひと晩くらいぼんやりしてみようと予約を入れたことがあった。だが、東京の予約センターに電話連絡したときから、すでに嫌な予感がした。

「お名前は、徳川慶朝さま……トクガワ・ヨシトモさまですね、少々、お待ちくださいッ」

誰かと打ち合わせをしている気配なのである。

じつは、この温泉のオーナーというのは、徳川慶喜の家来の渋沢栄一とゆかりの深い人だった。

そうしたことから、わたしという存在についても、従業員たちにまで知られていたらしい。なにせ、電話の向こうの反応が、ちょっとした騒ぎといった感じだった。

さて、当日――。

わたしは、近くの空港まで飛行機で行ったのだが、この空港ですでに温泉の人たちがわたしの到着を待っていたのである。

まるで海外のＶＩＰが現れたみたいではないか。

さらに、温泉に到着すると、社長から重役まで全員、お顔を見せられて、挨拶してくださる。しかも、仲居さんはつきっきりで面倒をみてくれる。ありがたいけれど、とてもリラックスする暇がないのである。

ここの温泉は大層な大きさで、いかにものんびりできそうな雰囲気であり、わたしは一日中なにも考えずにボーッとしたかったのに、結局、挨拶攻めのごちそう攻めで、ほとんどボーッとする時間がない。

宿代を払うというのに、受け取ってはくれない。

結局、わたしは早々に退散することにした。

出発のときも、空港までお見送りである。わたしは、宿の人たちと別れるや、空港の立ち食いそば屋に直行。そこでようやく、気をつかわなくてすむ食事を胃のなかに入れることができたのだった。

まあ、これは特殊な例ではあるけれど、わたしのように変わった名前をもっていると、ときに世間の目を気にせずに、ひたすらボーッとするのが意外に難しかったりする場合もある。

●ひそかに伝わる慶喜の血

写真好きや、凝り性のところ、そしてときどきボーッとして見えるところなど、慶喜の血を受け継いだと思われることをいくつか述べてきたが、こうした共通点を意識するようになったのは、つい最近のことである。

そして、いま、わたしは慶喜のそのときどきの心境や世の中との接し方などが非常によく理解できるのである。それは、気味が悪いくらいといえるほどだ。

慶喜が、望みはしなかった将軍職にいたときの心境。鳥羽伏見《とばふしみ》の戦いのあとに、江戸に帰って来たときの心境。そして、明治以後、静岡や東京で隠遁していたときの心境。これらが手に取るようにわかるのである。

これも、血のなせるわざなのだろうか。

ところで、将軍慶喜の血は、現代でも意外にたくさんの人たちに伝わってきている。というのも、慶喜は十男十一女という子だくさんであり、夭折《ようせつ》した子も多いが、その子孫は現在にまで相当数になっているからである。

この人たちは、皆、徳川慶喜、さかのぼれば水戸黄門の光圀《みつくに》や、徳川家康のDNAまでを身体のなかにもっているわけである。

それともうひとつ、じつはわたしは、たびたび献血というものをおこなってきた。これまで五十回以上おこない、表彰状をもらっているほどである。

献血された血液は、他の人たちの血液とミックスされてつかわれるのか、わたしはそのあたりはくわしくは知らないのだが、少なくとも五十人の人に、徳川慶喜や家康のDNA入りの血液が混じっているはずなのだ。

輸血の経験がある人で、その後、ときどき将軍になったような夢をみている人はいないだろうか……？

わが家に伝わる将軍家の名残

●葵の御紋で儲ける方法

まさかいるはずはないと思うのだが、それでもこの世には、わたしが将軍みたいな暮らしをしていると思う人が存在するのである。

ふかふかの座布団に腰をおろし、テレビの時代劇でよく殿さまがしている肘かけみたいなものをわきに置いている姿を思い浮かべるらしい。この現代に、そんなことがあるはずがないではないか。

だいたい、あの時代劇でおなじみの肘かけにしても、あんなものは江戸時代の将軍でもつかってなどいない。あれは、病人のつかうものである。

「将軍の名残なんてありません。まったく、ふつうの人と同じ暮らしです」

と、偏見を否定してやると、

「それでも、なにか、将軍家の面影はあるでしょう?」

と尋ねられる。

そこで頭をひねって考えてみた。

すると、少しはあった。

時代劇でおなじみの葵《あおい》の御紋である。

あれは、いまでもわが家のれっきとした家紋なのである。

「ほおっ、それは凄いですよ。葵の御紋が家紋だなんて、まさに将軍家そのものではないですか」

と、相手はいちおう感心してくれる。

だが、葵の御紋なんて、いまやちょっとした観光地に行くと、いくらでも売られているのである。提灯《ちょうちん》に入っていたり、プラスチック製の安っぽい印籠《いんろう》に印刷されていたりして、おなじみのマークなのである。

ところが、わたしはそれを正式に家紋としてつけなければならないのだ。知らない人が見たら、時代劇の衣装でも借りてきたのかと思うことだろう。

だから、葵の御紋が家紋だからといって、とくにいいことなどひとつもないのである。

じつは、以前にこの葵の御紋を登録商標にしようかと、冗談まじりで考えたことがあった。登録商標になれば、おみやげ店で売られている安っぽい葵の御紋入りの商品や、テレビの時代劇や、いろんなところから商標使用料が転がりこんでくる。

「水戸黄門」などでは、

「この紋どころが目に入らぬかっ」

と助さんだか、格さんだかが叫ぶたびに、わたしは、

「はいっ、使用料いただきっ」

と叫ぶことができる——。

だが、知人に話してみると、どうもあまりに一般的になったデザインというのは、意匠登録は難しいというのである。おそらく葵の御紋の登録も難しいだろうと、泣く泣く諦めた次第である。

まったく、テレビの「水戸黄門」は、とんでもないものを一般的にしてくれたものだ。わが家に残された数少ない将軍家の名残から、ビジネスチャンスを奪ってしまったのだから。

ちなみに、葵の紋とひと口に言っても、徳川各家によって微妙に形が異なっていたりする。

●結婚サギ師に間違えられた親戚

なまじ「徳川家の血筋」であったりすると、逆に痛くもない腹をさぐられて、ひどい目にあったりもする。

世の中には、「乃木大将の血筋」もあれば、「明智光秀の血筋」の人もいるだろうし、あるいは「石川五右衛門の血筋」もいるだろう。ところが、「徳川家の血筋」というと、

なにか嘘っぽい感じがしてしまうのだろうか。

じつは、わたしの遠い親戚の青年に、先頃、結婚話がもち上がった。

この青年は、ごくふつうの会社に勤務するきわめて真面目な青年なのだが、相手の家の人に、ポロッと、

「僕は徳川慶喜の血筋なんです」

と告白してしまった。なお、彼の姓は徳川ではない。

すると、向こうの家では、にわかにこの青年の人間性に疑いをもち、

「ああいうことを言うのはなにか怪しい。もしかしたら、結婚サギかもしれないぞ。気をつけたほうがいいよ」

というようなことまで言い出す人も出てくる始末だった。

もちろん相手の家の人に悪意があったわけでも、とくに疑ぐり深い人が多かったわけでもない。ごくふつうの暮らしのなかに突然、徳川慶喜などという名前が出てくるのは、それほど突飛で不自然なことなのである。だから、相手の家の人がそう思ったのも、娘を心配する気持ちとして当然なのだろう。

わたしはその話を聞き、

「だから、言わなきゃよかったんだよ」

と言った。

なんとなく、そんなことは言わないほうがいいという感じは、つねづねわたしも体験

していたからである。

もちろん、この一件は真実なのだから、あとで誤解がとけることにはなったけれど、有名な人物の子孫であったりしても、得することばかりではないのである。

将軍家の名残について、もう少し思い出したことがある。

これは徳川家に限らず、旧華族の家に広くある風習なのかもしれないが、わが家では家族それぞれに、子どものときにお印《しるし》というものをもらっていた。

お印というのは、それぞれの持ち物などにつけるマークのようなもので、皇室にもこの風習があるので、ご存じの人も多いかもしれない。

わたしの上の姉は、鈴がお印だった。次の姉は、梅。そしてわたしは、鶴となった。

もちろん、両親にもあり、父のそれは雁、母のそれは最初は菊で、途中で鞠になった。

そんなわけで、わたしには結構なお印があることはあるのだが、これがいまではまったくつかい道がない。お印をつけるような持ち物もないし、商売用のカメラなどに鶴のマークをつけたとしても、

「なんだ、これは？　カメラ型の重箱か」

と思われるくらいのものだろう。

どうやら形式だけのこの名残も、わたしの代で終わりになりそうである。

●わたしの愛用のマーク

葵の御紋やら、鶴のお印などというご大層なマークをもってはいるけれど、じつはわたしが愛用しているのは、そんな昔ふうのデザインではない。なにを隠そう、わたしの好みは、チャーリー・ブラウンだとか、ミッキーマウスだとか、クマのプーさんなどのマンガチックなキャラクターなのである。

ここのところは、ずっと、チャーリー・ブラウンの絵が描いてあるネクタイを愛用している。

だが、このネクタイをして、初対面の人に会ったりすると、相手はなんだかギョッとした顔をする。ひどいときは、気味が悪そうに目をそらしたりする。これが葵の御紋の柄だったりすれば、相手は安心するのだろうか。

きわめてまれに、喜んでくれる人もいる。先日、NHKの大河ドラマで徳川慶喜役を演じる本木雅弘くんにお会いしたときは、

「へえ。チャーリー・ブラウンのネクタイですか」

と、好感をもってくれたようだった。もっとも、彼は俳優だから、顔には出さず内心ではあきれていたのかもしれないが。

言わずもがなかもしれないが、わたしは図柄だけにひかれてこれらのキャラクターを愛用しているわけではない。

最近の若い人たちは、いろんなキャラクターを競うように身につけて喜んでいるが、あれはマンガやアニメの内容まで知りつつ愛用しているわけでもなさそうだ。

たとえばスヌーピーのマンガだが、あれはもともとチャーリー・ブラウンが主人公で、作者のシュルツさんはじつにうまくアメリカ人気質の子どもたちを描きこんでいる。スヌーピーだけでなく、チャーリーの友だちのルーシーやマーシー、妹のサリーなど登場人物のすべてが生き生きとしている。

わたしはそのようなチャーリー・ブラウンを取り巻く世界のすべてのファンなのであって、いわば筋金入りなのである。

そんなわけで、ネクタイだけでなく、バッジやPHSのストラップなど目立たないところでも愛用しているのだ。

ミッキーマウスのほうは、もっぱらパジャマの柄として愛用している。あんなに安らかな眠りをもたらしてくれる柄もなかなかないのである。

それほど素晴らしい柄をひとりで愛用するのはもったいないので、わたしはミッキーマウスのパジャマを、お世話になった女性への贈り物としても活用していた。これはずいぶん喜んでもらったりしたが、ただ、残念なのは、

「じつは、わたしとお揃いなんです」

とは告白できないことである。

なんとなれば、とたんに相手は気味が悪くなって、そのパジャマを着てもらえなくなってしまうからである。

●花押をつくってみた

マークといえば花押《かおう》というものがある。

戦国武将の重要な手紙などを見ると、末尾にこの花押が書かれているものが少なくない。筆で書かれ、いくら目を凝らしてなんと書いてあるのか読もうとしても、絶対に読むことはできないだろう。

なぜなら、これは字ではないからである。

つまりは、デザイン化されたサインのようなもので、最近はあまり見られないが、大臣の正式文書などには、いまでもこの花押が必ず使われている。

徳川慶喜も、もちろん自分の花押をもっていた。

そして、わたしもこの花押をつくってみたのである。

つくったといっても、簡単に自分でつくれるようなものではない。また、先祖代々伝えられるようなものでもない。

じつは、わたしの友人の父が、花押のデザインをするのが好きで、わざわざわたしの花押もつくってくれたのである。

この花押を、さらさらと書いてみる。わが花押ながら、なにやらすごく重々しい。

さっそく、どんどんつかってみたくなった。

ところが、この花押というやつ、なかなかつかい道がないのである。

手紙の最後にサインがわりにつかってもいいのだが、わたしの場合、国盗りについての重要な依頼の手紙を書いたりするわけでもなく、暑中見舞いのあとにつけ足したりしても、重みに欠けてしまう。

これは、大臣にでもならないかぎり、つかい道はないかな、と思っていたら、意外な機会が訪れた。

わたしは、松戸の戸定歴史館に預けている慶喜の遺品について、利用許可などの文書を出すことがある。

この文書に、印鑑のかわりに花押をつかってもいいとしてくれたのである。さすがに歴史関係の博物館だけあって、粋な計らいをしてくれるものだ。

わたしは嬉々として、

「慶喜の写真のパンフレットへの掲載を許可します」

などといった文書のあとに、この花押を書いた。単なる許可が、お墨つきといった程度にまで重みを増したようではないか。

近頃は、ワープロで書いた文書に、名前までワープロ書きした文書が氾濫しているが、あんなものはいくらでも偽物がつくれるだろう。

しかし、わたしの場合は、ミミズがのたくったようなサインに加え、いまどきは大臣くらいしか使わない花押つきである。絶対に偽物などつくれないだろう。

そんなわけで、わたしは戸定歴史館に出す文書を書くとき、ほんの少しだけ、戦国武将や将軍になったような気分を味わうことができるのである。

●わが家のお墓

徳川慶喜の墓は、谷中の霊園の一画にある。

敷地はかなり広く、正確に測ったことはないが、およそ百五十から二百坪はあるのではないか。

そして、この敷地のなかに、わたしも昇天したおりにはお邪魔することになっている。だから、これも将軍家の名残といえばいえるのかもしれない。

じつは慶喜の墓というのはちょっとややこしい。多くの将軍たちが、仏式で葬儀をおこない、上野の寛永寺や芝の増上寺に眠っているのに対し、徳川慶喜家は神道だったため、他の将軍たちと眠り方が違うのである。

墓のかたちもずいぶん違う。お参りをするときでも、線香などあげたりはせず、柏《かしわ》手《で》を打って頭を下げるという、よく神社の参拝でおこなう例の方法である。

徳川慶喜は大河ドラマの主役になることに決まったが、あのドラマで扱われると急に参拝者が増えたりするらしい。だが、そんなにわか参拝者のなかには、線香をあげて、お経などとなえる人が出てくるに違いないのである。

どうかそれだけはやめていただきたい。墓地のなかの慶喜が怒り出しても、わたしにはどうしようもできないのだから。

ところで、都内のど真ん中に二百坪の墓があるなどと言うと、

「それはもったいない」

などと言う不遜《ふそん》なやからがかならずいる。

「もったいないってどういうこと?」

「だから、その墓地に家を建てて住んだりしたらどうかなと……」

さすがにバチ当たりのことを言っているという自覚はあるらしく、語尾が遠慮がちになる。

「やろうと思えばやれるさ」

「えっ、できるんですか?」

「宅地にすればね」

「なるほどねえ……」

わたしだってくわしくは知らないけれど、墓地を宅地に変更するのも絶対に不可能ということはないだろう。

だが、そんなことをしようとしたら、いろんなところから非難の声がわき上がるだろうし、手続きその他にしてもずいぶんと面倒臭いに違いない。

そんなことをするくらいなら、墓地探しさえたいへんなこのご時世に、安心して眠れる場所があるほうがずっとありがたいというものである。

▲東京都台東区の谷中霊園にある徳川慶喜の墓。徳川代々の墓はその菩提寺・上野寛永寺にあるが、将軍職を返上した慶喜は神式にあらため、墓も谷中の地を選んだ。　（撮影：徳川慶朝）

●慶喜家の家範

お墓の話で、わたしも死んだときには慶喜と同じ墓地に入ることになっていると書いたが、じつはこのことは、慶喜が子孫のために書き遺した「家範《かはん》」というもののなかで決められている。

「家範」は、いわゆる家訓のようなものであるが、こんなものがあったなんて最近まで知らなかったのである。

その中身というのは、ひどくこまごました内容になっている。家庭の運用のマニュアルといってもいいだろう。たとえば、お金の運用の仕方は、何分の一かは手をつけずにして残しておけとかいったもので、そのなかに、子孫は自分の墓地に入るようにという項目も入っていたのである。

このほか、女の子が生まれたらどうしろとか、出戻ったときにはこうしろといった、家庭内におけるあらゆる事態を想定したものになっている。

なかには時代遅れになった教訓も少なくないが、現代のわたしが読んでも、素晴らしい人生のアドバイスだなと思えるのである。

なによりも、慶喜の子孫に対する思いやりのようなものが伝わってくるのが、わたしにとっても嬉しかった。これなどは、将軍家の名残とはいえないかもしれないが、慶喜家に生まれた幸せのひとつである。

●ごきげんようの挨拶

将軍家の名残ということで、

「もしかしたら、言葉づかいなどに名残はないですか」

などと聞かれたこともあった。

「そういえば、ときどき、うっかりと、『よきにはからえ』と言ってしまったりするんだよなあ」

とでも言えば相手は満足するのだろうが、まさかそんなことがあるわけがない。自分では、まったくふつうの言葉づかいをしているつもりである。

ただし、知人などから、

「慶朝さんは、偉い人と話していても、言葉づかいや態度がまったく変わりませんね」

と言われることがある。

世の中には、相手によって言葉や態度を豹変させる人物がいるけれど、どうやらわたしにはそういうところはないらしい。

だが、これは「人間に身分の上下はない」というわたしの信条からきていることで、べつだん、将軍家の名残などというものではないような気がする。

ただ、ひとつ思い出したが、ほかではほとんど聞かないが、わたしが日常的につかっていた言葉があった。それは、ちなみに、外での挨拶は、中学高校時代は午後になっても、その日初めて会う先生には「おはようございます」だった。

これは社会人になってもそのまま使われているかというと、わたしは違う。わたしは社会人になってもそのまま使っているのだ。

「ごきげんよう」

という言葉である。

この言葉は、一般にはあまりつかわれないようだが、親族等での挨拶は「ごきげんよう」である。

ちなみに、外での挨拶は、中学高校時代は午後になっても、その日初めて会う先生には「おはようございます」だった。

これは社会人になってもそのまま使えた。一部の業界では、午後や夜からの仕事をはじめるときにも「おはようございます」なのであった。

わたしは「さようなら」はもちろん、「こんにちは」も「こんばんは」も全部「ごきげんよう」ですませることが多い。最近まで「こんにちは」の挨拶がつかいにくかった。

この言葉は、元来は皇室関係に独特の用語が華族にも伝えられたもののようだ。

これなど、将軍家の名残というより、旧華族の名残というほうが正しいのだろう。

●血統なんてこだわらない

「慶朝さんは子どものころ、剣道とか乗馬などを習ったりしていたのでしょう？」

と聞かれたこともあった。

どうやら、徳川の名をもつ者は、神君家康公のごとく、あるいは暴れん坊将軍吉宗のごとく、よろいかぶとにでも身を包んでいないと、イメージに合わないのかもしれない。

でも、わたしは、剣道も乗馬もまったく経験はない。ペットとして馬を飼ってみたい気はするが、よろいを着て馬を走らせるなんてことは勘弁してもらいたい。

「だが、慶朝さんには、いわゆる帝王学が叩きこまれたりしたのじゃないですか？」

これもお生憎さまである。

わたしの母は、

「絶対に殿さまや若さまになっては駄目」

というのが口癖だった。帝王学なんて学べるはずがなかった。それどころか、母の望みは、いい学校を出て、大きな会社に就職して、というきわめて一般的な、帝王コースとはまるで正反対のコースだった。

「あっ、名前があるじゃないですか。慶朝さんの慶という字は、慶喜からずっと伝わってきているのでしょう」

それはたしかにそうである。

だが、わたしの名前にしたって、とくに重要に考えてつけたはずはないのである。単に記念になるくらいの意味でつけたにすぎない。慶喜の字を延々と伝えつづけ、いつかどこかの代で、徳川慶喜の一族がもう一度、将軍職に返り咲こうなどという野心は毛頭もっていないので、ご安心いただきたい。

それどころか、わたしは直系を延々とつづけていくなどということにも、ほとんどこだわっていない。よく、ごく一般に、

「○○の名を絶やしてはならない」

などと言っているのを聞くことがあるが、そんなことにどれほどの意味があるのだろうと思ってしまう。

それよりは、いま生きている人間の幸せがいちばん大事なのであって、名とか血縁などというもののために、幸せを犠牲にするようなことはくだらないのである。

「でも、慶朝さんがそう思っていても、ご親戚など、周囲がそれを許さないんじゃないですか？」

そう心配してくれる人もいるが、わが一族はそれほど頑迷ではない。この点に関しては、皆、わたしと似たような考えをもっているのだ。

そして、わたしは、慶喜という人もじつはそのような考えだったのではないかと、ひそかに思っている。

よく、慶喜のことを、音読みにして、「ケイキ」と読んでいるのを聞くことがある。

たしかに、慶喜と書いて、「よしのぶ」と読むのは難しいが、かつては名前を音読みにすることがよくあったらしく、慶喜が生きている頃も、「ケイキ」と読まれていたらしい。

そういえば、織田信長の伝記『信長公記』も、「のぶながこうき」ではなく、「しんちょうこうき」と読むし、『義経記』も「ぎけいき」と読む。

これが、名前だけじゃなく、名字でもやられたりした。

テレビの時代劇を見ていたら、

「とくせんのお家を守るため……」

などと言っている。

なんのことかと思ったら、どうやら徳川を音読みにしたものだったのだ。こういう言い方も、当時の武士は実際にしていたらしい。

この言い方をならって、わたしのことを、

「ケイチョウさん」

と呼ぶ人たちがいる。松戸の戸定歴史館の学芸員の人たちである。

わが家の家長たちは、慶喜、慶久、慶光、慶朝とつづいてきているが、これらをすべて、

「ケイキ公」

「ケイキュウさん」

「ケイコウさん」

「ケイチョウさん」

と読んで、区別されている。たしかに、このほうがずっと呼びやすいし、漢字も目に浮かんでくるから不思議である。

そんなことを口の悪い友人に話したら、

「慶朝さんの場合は、軽佻浮薄のケイチョウさんじゃないんですか」

などと言われた。

ところで、わたしはこの本では身内ということで、単に「慶喜」と書いているが、ふだんは「慶喜公」と敬称をつけて呼んでいる。

わたしだけでなく、亡くなったわたしの母なども、ふだんからそう呼んでいた。

ときどき、わたしのことをくわしく知らない人でも、わたしの前でちゃんと「慶喜公」と言ってくれる人がいる。そんなときは、なんだか先祖を大事に扱ってもらったようで、嬉しい気がするものである。

歴史の話は専門家に聞くべし

●歴史の話はしたくない

「わたしは歴史が苦手で……」

と言うと、ほとんどの人が、

「まさか……」

とあきれるか、不愉快そうな顔をする。

徳川慶喜家に生まれて、歴史にくわしくもなければ、興味もないというのは、なにか重大な罪でも犯しているような雰囲気になってしまうのである。

だが、事実だから仕方がない。

歴史の教科書に曾祖父の名が出てきても、

「ああ、ひいお祖父さんだ……」

と、ぼんやり考える程度だった。

そのうち、あまりにも頻繁に歴史のことを聞かれたりするものだから、むしろ面倒臭い気持ちが大きくなってしまったのかもしれない。

この本を書くにあたっても、

「歴史のくわしい話は書けませんよ」

というのが、いわば第一条件だったほどである。

それは徳川慶喜個人についての話だとか、慶喜家にまつわる話なら書けないことはないけれど、激動の維新のなかで慶喜はどう動き、どう変貌していったか、なんてことは、さっぱりわからないからである。

万が一、わたしが歴史にくわしくても、わたし自身が慶喜につながる血をもっているのだから、しょせんは慶喜びいきの話になることはいなめないだろう。そんな身内びいきの話を書いたって、歴史ファンは鼻でせせら笑うに決まっているのである。だから、歴史の話だったら、やはり専門家に聞いていただくのがいちばんである。

数年前――。

ある銀行の部長職だかをしている人物から、突然、連絡があった。ぜひ、お会いして話を聞かせてくれというのである。

あまりにも熱心な頼み方だったし、銀座でごちそうもしてくれるというので、ついつい、まあいいかと出かけてしまった。

ところが、これがやはり間違いだった。

この人は、なんでも徳川慶喜の側室のひとりであったお信《のぶ》さんの、遠い親戚だということだった。

お信さんというのは、慶喜の寵愛もめでたかった女性で、五男で池田家に養子にいった仲博や、七男の慶久、そして勝海舟のところに養子にいった精《くわし》たちを出産した。

ということは、わたしは慶久のところの流れであるから、この銀行の人とも、かすかな細い線でつながっていることになる。

それはいいのだが、はるか遠くの江戸時代や明治時代の話を延々とし出して、止まらないのである。

どうも、なにかのマニアというのは、他人の迷惑も省みず、自分が興味のあることを気がすむまで話す傾向にあるのだが、この人も歴史のマニアらしく、こっちがうんざりした顔をしているのに、話をやめないのには閉口してしまった。

だいたいが、自分で体験した話ならともかく、この人だって文献や家の言い伝えなどで知っているような話なのである。そんなリアリティのない話は、聞いているほうでは退屈になってしまう。

わたしは、さんざんな思いをし、この手の呼び出しには二度と応じまいと固い決心をして、その人とやっと別れたのだった。

●歴史に関する会合にもそっぽを向く

それでも、歴史ファンというのは、厳然と存在する。

そんな歴史ファンのなかでも、とくに慶喜のファンの人たちがつくった「徳川慶喜公顕彰会」というサークルがある。

そもそもはるか遠くに生きた人物のファンになるという気持ちは、わたしにはよくわからないところがあるのだが、このサークルはお堅い歴史研究会といった雰囲気ではないので、招待に応じて、ときおり出席した。

集まるのは年に一、二回程度で、いわばお楽しみ会のようなものである。

しかも、中学生くらいのかわいい歴史ファンも出席しているので、雰囲気もいい。

ただ、わたしは基本的にこの手の会合は苦手なので、最近はできるだけ遠慮したいなと思っている。

もっとも辛いのは、江戸時代の旗本の子孫たちでつくられている「柳営会」という組織である。こちらのほうは、旗本の家柄を誇りに思っている、がちがちの身内の歴史ファンの集まりといえる。

わたしはここにも、かつての旗本のボスの子孫ということで、ときどき招待を受ける。

もちろん、会のメンバーは個人的にはいい人たちだし、そこで編集している小冊子などは歴史の専門家も注目しているほど立派なものである。

ただ、わたしの場合、お堅い歴史研究というのは、どうにも苦手なのである。

それはわたしだけのことではないらしく、年輩の人たちはしばしば、

「若い人たちの出席が悪くてねえ」

と嘆いている。そこでわたしが、

「そんなのは簡単だよ。バニーガールでも呼べばいいだけだ」

などと言おうものなら、いっせいに顰蹙《ひんしゅく》を買うのである。

わたしはここでも、居心地の悪い思いをしなければならない。

このほか、「徳川松平の会」というのもある。徳川の名字は、将軍家だけではなく、水戸や尾張や紀州にもあるし、明治以降、分家したところもある。そういう徳川家の子孫たちの会である。

こちらは遊びの親睦会のようなものなのだが、わたしはこれさえ面倒だから、出席を怠っているほどである。

さらにもうひとつ、旧華族の集まりに、「霞会館」がある。

これは、かつての「華族会館」が名称を変更されたもので、現在は霞が関ビルの三十四階にある。

この霞会館はまるで日本のフリーメイソンのように、なにか隠然たる力をもっているかのように思っている人もいるらしいが、そんなことはないだろう。

ただ、旧華族のなかでも長男だけしか入会できなかったり、ここにあるバーのカウンターには女性は座ることができなかったり、なにやら閉鎖的なのである。これは英国の真似からきているのだろう。女性に対して制限をつくるなんてけしからんと思う人もいるかもしれないが、男性同士でグチを言い合ったり、ストレスを発散したりする場所なのだから、目くじらを立てる必要はない。男性のストレスが発散され、世の中うまくいくわけだから。

それに、バーのビールの値段がやたらと安かったり、資料編纂室が立派だったりと、いいところも多い。

「お嬢様を気取った若い女の子を、そこにつれて行ってハッタリでもかませば、さぞもてるだろうな」

とそそのかす悪友もいるが、わたしはそんなことはしない。

そのため、ここにもごくたまにしか顔を出さなくなってしまった。

というわけで、わたしは歴史にくわしくないばかりか、血筋の威厳なども気にせず、しかも数々の会合にも出席をしぶる不真面目な男なのである。

●複雑な家系

だいいち、わたしの家系図に関しての知識もずいぶんと怪しいものである。

徳川家というのは、その前もあるはずだが、ふつうは家康のところからスタートする。そこからストレートにずうっと長男をたどってつづいていれば問題はないのだが、途中には子どもをつくる前に亡くなったり、子どもができずじまいになったりした将軍もいて、しだいに複雑になっていく。

しかも、最初のうちは、尾張、紀州、水戸のいわゆる御三家があるだけだったが、吉宗のあとから、田安《たやす》、一橋、清水というういわゆる御三卿《ごさんきょう》というものもでき、ここからのラインも加わってくる。

そうなると、家系図といっても、線があっちへいったり、こっちへいったり、ほとんど阿弥陀クジの迷路のようになってしまっている。

徳川慶喜にしても、水戸の徳川家に生まれたが、いったん御三卿の一橋家に養子にいき、そこから将軍家に入るのである。

こんな複雑怪奇な家系図は、歴史学者でもなければとうてい覚えてはいられない。それなのに、中途半端に歴史に興味のある人にかぎって、

「あそこの徳川は、慶朝さんのところとは、どうつながっているの?」

などと聞いてきたりする。しかも、

「わからない」

などと言おうものなら、ほんとうに徳川の一族なのかと疑うような冷たい目で見られたりする。そんなに知りたければ、自分で調べろと言いたいくらいである。

こういったことがたび重なるうちに、あとで述べるけれど、松戸市の戸定歴史館というところで、よくできた家系図をつくってくれた。

別にわたしのためにつくってくれたわけではなく、ここの歴史館を訪れる人向けにつくられたものなのだが、これにはわたしの代まで書きこんでもらっているので、たいへん重宝なのである。

徳川将軍家・慶喜家略系図

○内数字は将軍職

―は実子

＝は養子

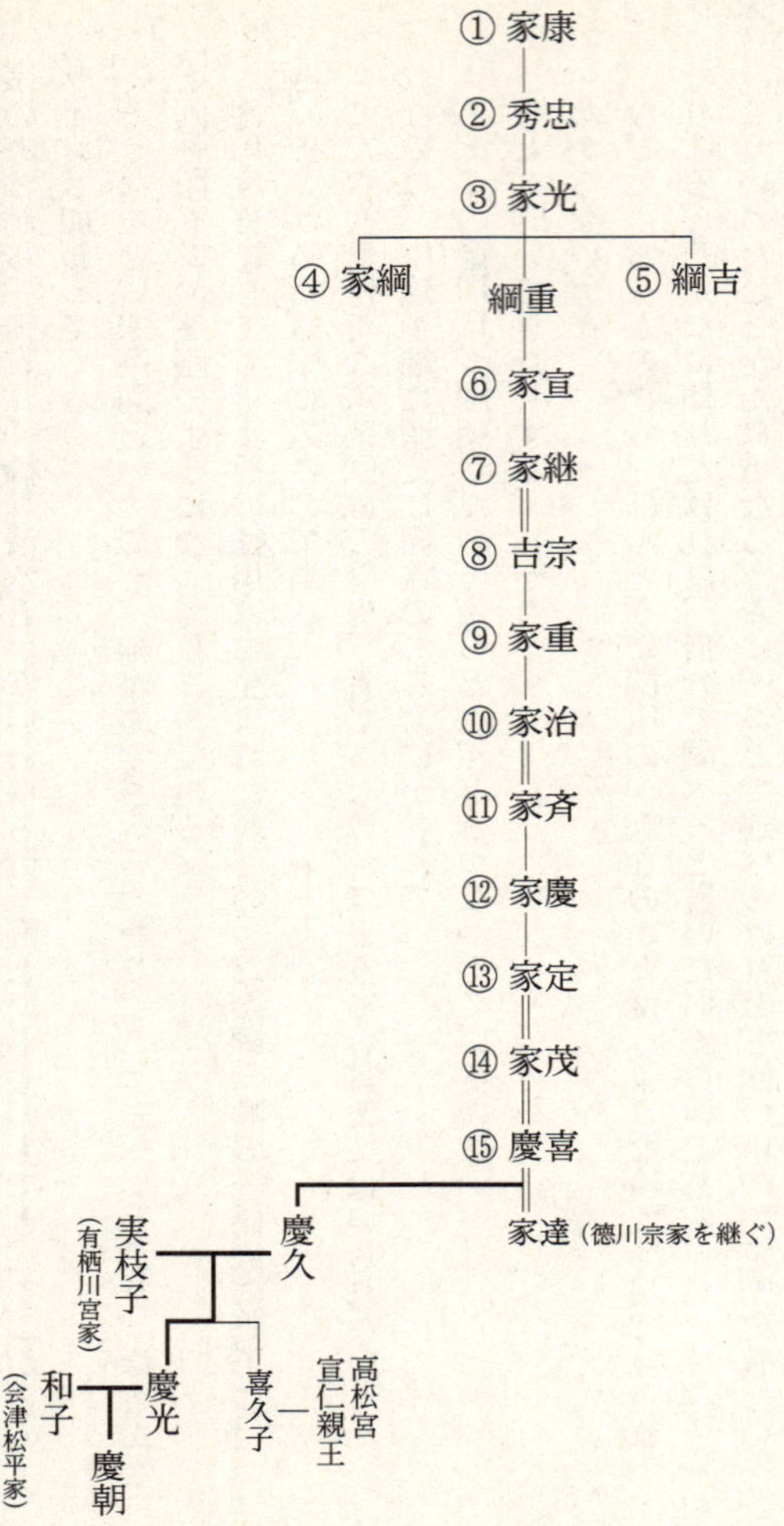

そこでわたしは、この図を多量にコピーして、面倒なことを尋ねる人には、

「これを見てください。わたしはここです。あとは自分でたどってください」

と差し上げることにした。すると、あとはたいてい黙りこんで図とにらめっこを始めてくれる。右頁の系図はそれをより簡略化したものである。

ただし、このよくできた家系図にしても、ほんとうはきわめて大雑把なのである。なぜならば、正確な家系図をつくろうとすれば、父と母がいて、そのあいだに子どもの線が伸びるようにするのだろうが、将軍家の場合はこの母が、正妻だったり、何人も、あるいは何十人もいる側室だったりするのだ。

もしもこれを正確に書きこんでいこうものなら、ほんとうに迷路そのものになってしまうだろう。

そんなもののことを考えただけでも、わたしは歴史がますます嫌いになってしまうというものである。

●文献なんて読まない

徳川慶喜について、くわしくなりたいと思えば、それはやはりわたしがいちばん恵まれた環境にあるといえるだろう。

自宅にもある程度は、慶喜についての出版物などが揃っている。

先日、わたしは殊勝にも、そろそろ先祖のことを少しは勉強するかと思い立ち、もっ

とも正確だとされる渋沢栄一が編纂した『徳川慶喜公伝』をひもといた。これは、東洋文庫版でも四巻分もある長いものである。

ところが、この文章ときたら、明治時代に書かれたものだから、読みにくいことといったら、頭が痛くなってしまった。

しかも、四巻のなかばあたりまでは延々と幕末の出来事が書かれてあり、退屈このうえないのである。

四巻の最後のほうになって、ようやくわたしが興味のある明治時代の話になるが、それはほんの少しで終わってしまう。

また、慶喜についての面白いエピソードもあるが、それらはたいがい、誰かに聞いていたりして、知っていることが多い。

そんなわけで、わたしはこの大作の全巻読破を早々に諦めてしまった。

これよりは、同じ東洋文庫におさめられている『昔夢会筆記《せきむかいひっき》』という本のほうが、まだましである。これは、晩年になった慶喜に、当時一流の歴史学者が、なんとか幕末の心境などを語らせようと苦心惨憺《さんたん》した本である。『徳川慶喜公伝』でも、この本をずいぶんと参考にしている。

ところが、慶喜は肝心なことになると、まったくおとぼけをきめこんで、学者たちの質問を巧みにかわしてしまっている。

そのおとぼけぶりが、じつに面白くて、わたしも誰かに嫌なことを尋ねられたりした

▲『徳川慶喜公伝』全8巻は、明治の大経済人・渋沢栄一によって刊行された。前半4巻が伝記本文で、後半4巻が資料と索引。農家に生まれた渋沢は、慶喜に仕えて武士になった。（撮影：徳川慶朝）

ときは、曾祖父流のおとぼけで回避したいものだと思っている。ただし、この本でさえ、わたしは最後まで読み通せなかったのだが。

そんなふうに、わたしは慶喜のくわしい伝記などには、まるで真剣には目を通していない。

ここでちょっと話はそれるが、わたしはわからないことがあったら、まず人に聞くことにしている。

それがいちばん手っ取り早いからである。

文献などで調べるのも手だろうが、それだと時間がかかりすぎる。だいいち読んでもわからないことが少なくない。

それよりは、いちばんその分野についてくわしい人なら、いちばんわかりやすい言葉で教えてくれるはずである。

わけのわからないことを教えるような人は、自分でもわかっていないのだから、本気で聞く必要はない。

慶喜の歴史についても、知りたいことは、慶喜の研究者に聞いてしまう。『徳川慶喜公伝』やら『昔夢会筆記』などをひもといて調べようなんて思ったら、わずかの疑問を解決するのに何年もかかってしまう。

時間を無駄にしてもいい人ならそれでもいいが、わたしはそこまで暇ではない。

最近は、慶喜については、松戸市にある戸定歴史館の学芸員である斉藤洋一さんという人がくわしいので、その人に尋ねることにしている。

そんなふうに、身近にどれだけ聞ける人をもっているかが勝負のような気もする。

わたしは、この方法を、本田宗一郎式なのだと思っている。

本田宗一郎氏はわたしがホンダの広告写真を撮っていた関係で、かわいがっていただいたこともある。その本田氏も、わからないことがあったら、まず人に尋ねたらしい。

本田氏は、ピストンリングをつくっていたとき、わからないことが出てきたので、大学へ聴講生として通い出した。ここで、先生に教わりながら、ピストンリングについての疑問を解決していった。

試験を受けなかったり、出席不足などで、

「修了証書をやらないぞ」

と先生におどかされてもへっちゃらで、自分はピストンリングの焼き入れについて知りたいからここに来たまでであって、別に権威やら証書やらが欲しくて来たわけじゃないというわけである。

知りたいから学ぶ。知ることが目的で、権威その他は、どうでもいい。わたしは、歴史についても、このやり方でいきたいと思っている。

●慶喜の心境は血が理解する

それでもわたしは、明治の歴史学者たちや、そして現代の歴史ファンなどがいちばん知りたがっている、慶喜の幕末時の心境などを、誰よりも理解しているつもりでいる。それは、血の強みというべきなのか。学者などは、膨大な文献をあさって、研究に研究を重ねて、慶喜の心境を推察していくのだろう。

でも、わたしの場合、わたしのところまで流れてきた気質とか感性とかに照らし合わせて、直観で感じ取ってしまう。それは、あながち無理な方法ではないような気もする。

たとえば、慶喜がいちばん非難されるところは、鳥羽伏見の戦いが始まるや、兵を置き去りにして、大坂城から江戸へと帰って来たところだろう。

この行動のために、慶喜はいまだに、「将にあるまじき行為をした男」とか、「いざ、敵を前にすると逃げ出した臆病者」だとか、「言葉と行動がくい違う男」などと、さんざんな非難を浴びつづけている。

わたしはそのときの歴史的な事情をくわしくは知らないし、これはまったくの勘なのだが、そのとき慶喜は、すべてを超越してしまっていたのだと思える。

もちろん、あの場から逃げれば、あとで何を言われるかも、簡単に予想がついただろう。しかし、ああだこうだと非難されることも、気にはしていなかったのだろう。

司馬遼太郎の『最後の将軍』では、慶喜は朝敵になることをもっとも恐れたのだとされているが、それも違うような気がする。

敵とか味方とか、そんなことはどうでもよかった。

きわめて大雑把な言い方をすると、慶喜はただ、日本国民みんなの幸せを願っていたにすぎない。徳川家だけのためにも、朝廷だけのためにも、動く気はなかった。すると、あの状況では、戦争を回避するには、大阪からさっさと帰って来てしまうことしか、ほかに方法はなかったのではないだろうか……。

●言っても仕方ないことは言わない

慶喜が晩年に撮っていた写真のうちの一枚が、歴史に興味のある人たちをびっくりさせるらしい。

それは、大村益次《おおむらますじ》郎《ろう》の銅像を撮影した写真である。

「えっ、慶喜が大村益次郎の銅像の写真を撮ってるの？　大村といえば、官軍の参謀で、上野戦争では彰義隊《しょうぎたい》を打ち破った立役者じゃないか。その大村を、どうして慶喜が撮らなくちゃならないの……？」

まるで、卑屈な行為だと言わんばかりである。

あるいは、

「慶喜という人は、結局、戦争というものに実感がなかったんじゃないか。だから、大村によって討たれた家来たちのことを考えもせず、平気で写真が撮れたんじゃないか」

などと言う人もいる。

だが、わたしはこれも、江戸帰還と同じなのだと思っている。

つまり、超越していたのである。

かつての敵。それがどうしたというのか。

慶喜はこのとき、九段から靖国神社にかけて、撮影して回っている。九段の坂のようすを写し、偕行社を撮り、靖国神社の境内を撮影した。そして、大村益次郎の銅像があったので、これにもカメラを向けた。

この写真は、銅像を撮るには最高のアングルで撮られており、写真としての美は感じられるけれど、過去の怨念だとか、そんなものはまったくといっていいほど漂ってこない。

あくまでも純粋に、そこにある被写体と向き合っている。

いい写真が撮りたくて撮った。それを、当時の状況も体験していない者が、勝手なことを言う。

しかも、慶喜はそんなことを弁解したりもしない。言いたい者には、好き勝手に言わせておく。

たとえ、何か言ったとしても、過去がくつがえるわけでもないし、どうにもならないから何も言わない。

慶喜は死ぬまで、そんな気持ちだったと、わたしは理解している。

▲慶喜の撮影した大村益次郎像。大村益次郎は緒方洪庵の適塾で学んだのち、長州藩士として、幕長戦争で参謀を務めて幕府を退け、戊辰戦争では彰義隊を討伐した。　（撮影：徳川慶喜）

徳川慶喜家の秘宝

●わたしが発見した慶喜の写真

わたし自身はテレビというのをほとんど見ないので、よくは知らないのだが、ひそかに眠っていた宝の価値を判定する『開運！なんでも鑑定団』とかいう番組が人気があるのだという。わたしの知人などもこれを見ていて、ときどき、驚くような値段がついたりしている。

「徳川さんもなにか出してみたらどうだい。ときどき、驚くような値段がついたりしているよ」

などと勧めてくれたりする。

しかし、わたしにそんなつもりはない。

だいたい、前にも書いたように、わたしのところには金塊などはもちろん、書画骨董のたぐいの、一般の人がわかりやすいかたちの財宝などというものはほとんどないのである。

また、わずかに残っているものでも、歴史的な資料としての価値はともかく、財産的な価値はそれほどたいしたものではない。そんな番組に出して、自慢するなんてことは慎みたいものだと思っている。

ただし、歴史的な資料に関しては、将来、どういうかたちで残していくべきか、悩んでしまったりしたものもある。

たとえば、慶喜自身が撮影した写真などである。

じつは、慶喜の撮った写真やカメラは昔からわが家にあったのだが、誰もそのことを気にとめていなかった。

その価値をあらためて発見したのは、わたしなのである。

ちょうど写真学校に通っている十八、九の頃だった。押入れの整理をしていて、たまたま発見したのだ。

(これは大発見なのではないか……)

と思った。

慶喜が写真を趣味にしていたことは、文献のなかには登場していた。渋沢栄一の『徳川慶喜公伝』にも、

「写真を研究しては、夜を徹することもしばしばで、にわかに上達し、静岡の風光明媚なところはおおむね公のレンズにおさめられた。人物の撮影も深く究められ、公の手で作られた写真は、同族にわけあたえられたものも少なくない」

と記されている。

だが、当の慶喜が撮っていた写真そのものが、発表されたものは数が少なかった。それもそのはずである。わが家の押入れに、ひそかに眠りつづけていたのだから。それをわたしが見つけたのだった。

さて、発見したのはいいが、当時のわたしはこれをどうしたらいいか、見当もつかなかった。ただ、破損したりするのが怖かったので、カメラは西麻布にあるペンタックスギャラリーに預けた。

だが、写真のほうは、当時はまだ写真の博物館や美術館がなかったので、わたしの手元に置き、まとめて発表できる機会を待っていた。

ようやく出版にこぎつけたのは、昭和六十一（一九八六）年のことである。『将軍が撮った明治』というタイトルで、朝日新聞社から発表したのである。

この写真集は、売れ行きはともかく、歴史的な資料価値が認められ、慶喜の写真は多くの人の知られるところとなったのである。

●金にならない遺産

こうして、慶喜の写真が知られるようになると、ときどき出版社から写真を貸してくれないかという依頼が舞いこむようになった。

一般の人は、それらの貸し出しをするだけで、けっこうな小づかい稼ぎになるのではないかと思うらしい。

だが、まったくそんなことはない。この手の写真の掲載料などは、法外と思えるほど安いもので、数千円とか、せいぜい一万円程度だったりするのだ。

わたしは写真を本業としているため、これには正直驚いた。いまどきは、写真のライブラリーに行って、写真を借りたりすれば、数万円から、十万円以上するものだって少なくないのである。

それなのに、編集者の相手をし、必要な写真を選び出し、貸してやっても、あの謝礼では、正直言って、対応するだけで疲れてしまうのである。

（これは、こまかくその場しのぎ的にお金にしようなどと考えてはいけない。それよりも、徳川慶喜の功績や歴史的評価を高めることを目的に、もっともいいかたちで保存し、多くの人に知ってもらうことを考えなければならない……）

そう、悟るにいたったのである。

じつは、いわゆる名家の子孫のなかには、先祖から伝わった歴史的な資料をがっちり抱えこんで門外不出とし、誰にも見せないでいる人も少なくないのである。わたしは、そういうことはしたくなかった。

ただ、雑誌の記事などに、まるでイラストみたいに扱われるのだけは避けたかったのである。

●戸定歴史館との出合い

『将軍が撮った明治』を出版してしばらくたった頃、千葉県松戸市にある戸定《とじょう》歴史館の学芸員の方から手紙をもらった。

ここの歴史館は、徳川慶喜の弟で、水戸藩最後の藩主だった徳川昭武《あきたけ》の別邸・戸定邸の敷地のなかにつくられたもので、やはり趣味を同じくした徳川昭武の写真などを保存しているのだという。

そして、ついては慶喜の写真についても調べを進めたいので、ぜひ一度、お会いできないかというものだった。

わたしはその頃、松戸の徳川邸などというものの存在など、まるで知らなかったし、どうせ、ときどきやって来る牛乳ビンの底くらい分厚いメガネをかけたガチガチの研究者のようなものだろうと思って、しばらくうっちゃっていたのである。

ところが、その後も何度か手紙をくれたので、仕方がないから連絡ぐらいはしてみるかと電話を一本かけてみた。

すると、相手はたいへん感激したようすで、すぐに会ってくださいと飛んで来たのだ。それが、ここの学芸員をしている斉藤洋一さんだった。

話をしてみると、これまで会った編集者とか、イベント業者のような人たちとはまったく違った。徳川慶喜のこともよく知っているし、人柄も信頼できそうな人だった。

「歴史の話はなしね」ということでつき合いがはじまり、いまではなぜかわたしの歴史の先生になってしまった。また、当時の松戸市社会教育部長の上原寛さんもじつに真面目な方だった。

ここで、ちょっと松戸市戸定歴史館について紹介しておこう。

松戸駅を降りて、およそ十分ほど歩いた小高い山の上に、かつての徳川昭武の別邸・戸定邸がある。

この戸定邸は、明治十七（一八八四）年につくられたもので、江戸時代の大名の下屋敷風のつくりをさらに簡素にしたという趣の建物である。

不要な装飾などはあまりないが、建築材料などにはさすがにいいものがつかわれている。

また、浴室とか執事室や小使室など、当時の華族の生活がうかがわれる。

このような、明治期の華族の暮らしがわかる建物は、いまではかなり珍しいという。

この戸定邸には、徳川慶喜もしばしば訪れては、仲のよかった弟の昭武と、近くで狩猟や釣り、そして写真撮影などを楽しんだのである。

平成三（一九九一）年には、この戸定邸の敷地全体を、歴史公園として整備し、さらに敷地内に水戸徳川家の遺品などを展示する歴史館がつくられた。

いわゆる博物館というにはちょっと小ぶりだが、この歴史館は、収蔵庫の設備も超一流だし、なにより学芸員の方たちが非常に熱心なところが素晴らしい。

わたしは何度かここを訪れるうちに、わが家にあった慶喜関連の写真などの遺品を預かってもらうことにした。

じつは、昔の遺品などの管理というのはたいへん難しく、しかもわたしのような歴史にくわしくもなく、古文書も読めない者が管理しても、いつまでたってもその価値がわからずじまいである。

戸定歴史館のように、立派な収蔵庫と、熱心な学芸員をもつ施設で保管してもらうのが、いちばん安心なのである。

また、お互いのメリットも生まれてくる。歴史館側では、わが家の遺品をもとに研究を進められるし、ときには陳列・展示もできる。

そして、わたしのほうは、安心して預けておけるうえに、撮影の依頼を受けることができるというわけである。

じつは、わたしも仕事でいわゆるブツ撮りをするのでわかっているのだが、こうした遺品のたぐいを撮影するときは、ひどく気をつかうのである。ちょっとしたはずみで破損などさせてしまってはたいへんなのだ。

だが、撮影するのがわたしであれば、万が一破損したとしても、仕方がないということになる。歴史館も安心して撮影を頼めるわけである。

▲千葉県松戸市の戸定邸。慶喜の弟で水戸藩主だった徳川昭武の別邸で、慶喜もよく訪れた。現在は敷地内に隣接して戸定歴史館が設けられ、戸定邸の管理を行っている。(撮影：徳川慶朝)

●新たな遺品の発見

その後、学芸員の方たちの丹念な調査によって、これまでどういうものかわからなかったものも、新しく歴史的な価値が発見されていった。新たに発見された二条城の写真などもそのひとつである。

京都の二条城は、幕末の政治の舞台としてきわめて重要な役割を果たした。もともと二条城は、京都における将軍の居城としてつくられ、江戸幕府が開かれたばかりの頃は、朝廷に対する政治的儀礼をとりおこなうところとして、つかわれていた。だが、朝廷対策がさほど重要ではなくなった江戸中期にはその存在も忘れられ、幕末期にはまるで狐や狸のすみかのようになっていたらしい。

だが、幕末の激動期になると、十四代将軍徳川家茂《いえもち》が入城。京都における徳川幕府の拠点となり、さらに十五代将軍徳川慶喜もここに入城するのである。

ここで起きたさまざまな政治的動乱を書くのは、わたしの任ではないので省略するけれど、どうも慶喜はここにいるあいだに、関わりのあった写真師に命じて、二条城の写真を撮らせていたらしいのだ。

いたらしいというのははっきりしない言い方だが、じつは文献的な資料にも、そのあたりのことはまるで載っていないからである。だから、可能性としては、慶喜より一代前の家茂が撮らせていた可能性も否定しきれない。

▲江戸末期、慶喜が撮影を命じたと思われる二条城の写真。二条城は京都における将軍の居城としてつくられ、幕末、慶喜も入城し、ここで第十五代将軍となった。写真には見事な着色が施されている。

ただ、慶喜自身がこの写真を保管しつづけていたことは、その後の文献資料でも明らかだし、こうした撮影を命じたのはやはり慶喜自身だったろうと推測される。

なお、この写真が慶喜自身の撮影によるものでないことはわかっている。慶喜が自ら撮影をおこなうようになったのはもっとあとのことで、この頃は関わりのある写真師に撮影を命じていたのだ。

わたしは、この二条城の写真の発見の知らせを聞いて、たいへんに驚いた。まさか、もう新しいものが出てくるとは、まったく考えてもみなかったからである。

また、この発見の知らせを受けた頃は、わたしもそろそろわが家の遺品のことをきちんと考えなければと思っていた矢先だったので、これは慶喜と昭武の兄弟があの世で話し合っておこなったことではないかとまで思ってしまったほどだった。

この二条城の写真は、戸定歴史館でときおり展示したりするので、興味のある人は現物をぜひ見ていただきたいものである。

●烈公の手紙

わが家にあった慶喜の遺品のなかで、写真と並んで貴重なものと思われるのが、慶喜が保管していた父・徳川斉昭《なりあき》からの手紙である。

これも最近、発見したのだが、戸定歴史館の学芸員の方々のおかげで、その資料的価値を認識させられた。

▲慶喜の父・徳川斉昭からの手紙。およそ125通におよぶ膨大なもので、箱に入れて保管されていた。烈公・斉昭独特の「虎の尾」と呼ばれる筆づかいがみてとれる。　（撮影：徳川慶朝）

手紙はおよそ百二十五通にもおよぶ膨大なもので、これらの手紙を慶喜は箱に入れてきわめて大切に保管していた。箱には、慶喜自身の筆で「烈公御真翰《れっこうごしんかん》」と書かれてあった。

この手紙は、もちろんわたし自身に解読することはできない。だが、解読してくれた学芸員によると、江戸時代の大名家における父と子の関係や、大名の暮らしぶり、黒船来航後の斉昭の政治思想などがうかがえるきわめて貴重な資料だという。

この手紙もまとめて解読し、『父より慶喜殿へ』（大庭邦彦著・集英社）というタイトルで出版された。それまで未発表の資料で、本邦初公開だった。

歴史的な価値はもちろんだが、現代の親子関係にも示唆するところは大きいはずで、ぜひこちらの本も読んでいただけたらと思っている。

このほか、ユニークなものでは慶喜が愛用した釣り竿なんていうのもあった。

これなどもマニアからすれば、かなりの値段がついたりするのかもしれないが、オークションなどに出せばそれでおしまい。好事家《こうずか》の蔵にしまいこまれ、一般の人の目にも触れられなくなってしまう。

こうした珍品なども、歴史館の調査が進むにしたがって、随時、展示されていくはずなので、興味のある人は、二カ月に一度の割合で変更される戸定歴史館の展示に注目していただきたい。

●帰ってきた遺品

徳川慶喜家は、明治期から昭和の大戦後まで住んだ三千坪の第六天の屋敷からしだいに縮小していき、いまでは都心の小さなマンション住まいとなってしまっている。

このあいだに、遺品の多くが散逸していった。

あるものは売り払われ、あるものは寄贈され、そして行方さえわからなくなったものも少なくない。

だが、いったんは消えていった遺品が、めぐりめぐって再びわたしの目に触れるというものもある。慶喜の隠遁《いんとん》後の生活を、従者が日記として書きつづった『家扶《かふ》日記』もそのひとつである。

慶喜家には大勢の使用人たちがいたが、そのうちの家扶と呼ばれる人と、家従と呼ばれる人たちが、この日記を担当していた。

そして、その日記は、あまり知られていなかった明治以後の慶喜の生活ぶりをうかがわせる貴重な資料となった。

そもそも、徳川慶喜の生涯は、幕末時の将軍後見職となってから十五代将軍になり、そして大政奉還をするまでのあいだばかりがクローズアップされる。

だが、慶喜が将軍後見職となったのは、文久二（一八六二）年七月で二十六歳のとき。十五代将軍になったのが、慶応二（一八六六）年十二月で三十一歳のとき。大政奉還し将軍職を辞したのが、翌慶応三年の十二月で三十二歳のときだから、ほんのわずかの時期なのである。つまり将軍職にいたのは、実質一年という短い期間なのである。

さらに一年後の慶応四年七月には、駿府（静岡）に移り、時代の表面からは完全に姿を隠してしまった。いわば三十三歳で隠居生活に入ったようなものだ。

その後、慶喜は七十七歳まで生きるのだから、隠居後の生活のほうがはるかに長いし、それに慶喜というキャラクターはこの隠居生活こそ面目躍如としている。

ところが、こちらの生活のほうはほとんど目を向けられることがなかった。NHKの大河ドラマも、大政奉還までが描かれ、その後はほとんど触れられなかった。

こうした知られざる慶喜の生涯を明らかにしているのが、『家扶日記』なのである。

この日記は、いつ頃わが家を出たのか、くわしくはわからないが、一時期、慶喜の研究者の方の手元にあった。

そして、わたしのところにも買い戻してはどうかという話があったのだが、ずいぶん高額になっていたし、わたし自身が手元の遺品を戸定歴史館に預けているのが実情である。残念だが、諦めるしかなかった。

すると、さいわいにも松戸市が戸定歴史館所蔵資料として、これを買い取ってくれることになった。

これはじつに喜ばしいことである。

一人の歴史的人物に関する遺品は、できるだけ一カ所にまとめておくのが、もっともいい方法だろう。

研究者や歴史ファンも、方々に足を運ばなくても、現物に接することができる。そういう意味からも、松戸市がこれを買い取ってくれたのはありがたい。

この『家扶日記』も、学芸員の方々の手によって解読、研究が進められ、平成十年の春頃には一般公開された。

●わたしの代ですべきこと

松戸の戸定歴史館以外にも、慶喜関連の貴重な資料が保存されているのが、静岡県清水市の市立図書館である。

ここには、『徳川文庫』と名づけられた、徳川慶喜家にあった蔵書が、閉架式の徳川コレクションとしておさめられている。

慶喜をはじめ、慶久、慶光の三代にわたって読み集められた本が、一カ所にまとまっているというわけだ。

これらの蔵書は、戦後、わが家から出て、最初は「鈴与」という静岡に本社のある大手企業が買い取ったものらしい。

それが、その後に東海大学の文庫などを転々として、結局、清水市の図書館に落ち着いたというわけである。

もちろん、この所有者はわたしではない。だが、こうしてきちんと保存されることになったのは、たいへん喜ばしいことだと思っている。

戦後の厳しい暮らしのなかで、父・慶光は、いわゆる歴史的な価値をもつもの、資料として貴重なものは、売り食いせずに残しておいてくれた。父が亡くなってから、残された遺品を眺めると、それがはっきりとわかったのだ。

遺品の維持・管理というのは難しく、面倒なことであるが、わたしの代でやらなければならないのは、手元にあるものをできるだけ散逸させず、後世の人たちのために保存しつづけるということだろう。

厄介な仕事ではあるが、それが徳川慶喜家に生まれた者の宿命かもしれない。

豚一殿の曾孫の舌

●慶喜の新しもの好き

慶喜はあだ名の多い将軍だった。しかし、そのなかでも、もっともひどいあだ名は、「豚一殿《ぶたいち》」というものだったろう。

一は、水戸からいったん養子に入った一橋家の一である。そして、豚というのは、豚の肉を食べるからということからきている。

当時の日本人は獣の肉を食べなかった。実際には、薬食いといって食べている人もいたようだが、いわゆる身分の高い人が堂々と食べるようなものではなかった。それを慶喜は堂々と食べていたらしい。横浜の港を開放すると、肉なども入ってきたので、せっせとそれを取り寄せていた。

ところが、周囲の人間たちは驚き、ひどいあだ名まで囁《ささや》いた。

外国人が皆、平気で食べているのだから、身体に悪いわけがない。しかも、食べてみれば、たいへんにうまい。

だから、食べた。

こういう慶喜を理解しないで、その時局観が理解できるわけはない。こういうあだ名を囁いた連中にかぎって、いざ明治維新になると、こぞって牛鍋などをむさぼり食ったりしたのだろう。

慶喜はこうした変化も、おかしかったに違いない。

豚肉だけでなく、とにかく、慶喜という人は、世間の思惑などはあまり気にせず、しかも極端なほどの新しもの好きだった。

写真に興味をもったのもそうだし、隠遁後でも、輸入された自転車や自動車をいち早く入手している。

あの、肩が凝りそうな江戸時代の大名暮らしのなかから、こういうキャラクターが登場したことだけでも、凄いことだと思う。

●慶喜の好きな食べ物

豚肉はよく食べたが、別に肉食一辺倒だったわけではない。

若い頃と歳をとってからでは、食べ物の好みもだいぶ変わったようだ。

渋沢栄一の『徳川慶喜公伝』には、晩年の慶喜の食事について、こんな記述がある。

「若いときは、硬い食べ物を好んで食べたが、晩年になると身体を大切にするため、いっさい硬い食べ物は避け、好きな香の物なども多くは食べないようになった。つねに和食の淡白なものを好み、鯛、鰹、比目魚《ひもくぎょ》（鮃、鰈など）などの刺し身や、ウニ、ナマコ、さらに鶏卵の半熟などを好み、洋食はときどき食べるだけ。食欲がないときは、パンとミルクだけですませることも珍しくなかった」

また、このほかには、女中たちの聞き書きによれば、べったら漬けは「厚く切るように」と注文を出すほど好きで、浅草のハマヤのふき豆というのも好物だったらしい。

新しい食べ物についての興味は、晩年になっても健在で、やはり女中の聞き書きには、第六天町の屋敷の近くに売りにやって来る玄米パンに興味を示し、女中に買いに行かせたというエピソードが出てくる。

ただ、面白いのは、晩年になるとひどく神経質なところも出てきて、どこへ行くのにも水とアルコールランプを持参し、それで入れるお茶以外はいっさい口にしなかった。これは疫病を恐れたためらしい。

また、あるときは大好物のきな粉を顕微鏡で眺めていたら、そこに虫がいっぱいいるのを発見し、それからはきな粉をいっさい食べなくなってしまったという。食べ物を顕微鏡でのぞくというあたりは、いかにも慶喜らしい。

●味覚の遺伝について

このように、慶喜という人は、食べ物にも多大の興味を示した人だった。

そして、わたしもそうなのである。子どもの頃から、食べ物に興味があり、いまでもどこの店に入っても、必ず調理のようすが眺められるところに座る。

これもまた、血のなせるところなのだろうか。

わたしには、食べ物の好き嫌いがある。

シソやミョウガなど、和風ハーブの香りが強い野菜が駄目だし、山椒やユズなども苦手である。ユズなどは、お風呂に入れてつかう分にはどうということはないのだが、口にするといけない。

慶喜もそうだったのか、もしも嫌いなものまで同じだったりすると、味覚に関する遺伝の具合がわかって面白いと思った。

ところが、これがなかなかわからないのである。

将軍ともなると、これが好きとか嫌いとか、うまいとかまずいとか言ったりすると、御膳係の責任問題に発展しかねないため、うかつなことは言えないのだ。慶喜も、出された膳は、好きでも嫌いでも必ずひと通りは箸をつけたという。

では、嫌いなものがわからないなら、好きなものはどうだろうか。

わたしの場合、好物というと、いちばんに挙げるのは、アジである。これは、子どもの頃から好きだった。

わたしのアジ好みは、近所の魚屋でも有名で、その魚屋のおじさんからは、

「アジの坊っちゃん」

などというあだ名までもらったほどだった。「豚一殿」よりはましなあだ名である。

だが、子どものくせに、そこまで好物にこだわるのは、ちょっと珍しい。人に聞いてみると、だいたいが、

「子どもの頃の好物なんて、覚えてもいない」

と言うのだ。

ということは、わたしはそれだけ、食べ物に対する関心が強かったのだろう。

次に好物として思い浮かべるのは、ウナギである。

銀座にうまい店があって、わたしは子どもの頃、働いて給料をもらったら、ウナギを腹いっぱい食べてみたいものだと思いつづけた。

それくらい、ウナギには執着したのである。

わたしの父の慶光もウナギは好物だった。晩年になっても週に一度は食べていたほどである。

では、慶喜もまた、アジやウナギが好きだったかというと、これがまた、わからない。誰か、知っている人がいたら、ぜひ、教えていただきたいものである。

●究極の弁当をつくる

わたしは食べ物についての興味が深まるにつれて、究極の弁当というものをつくってみたいと思うようになった。

子どもの頃から、弁当にも興味があった。家に大工さんや職人さんがやって来たりす

ると、わたしはその人たちが食べる弁当の中身がじつにおいしそうに見えて、わざわざ近くに行ってのぞきこんで見たりした。さぞかし、

（嫌なガキだ……）

と思われたことだろう。

だが、大工さんたちが食べていた弁当はいまだにわたしの脳裏に刻みこまれていて、のちに考えた究極の弁当の原型にもなった。

わたしの考えた究極の弁当。

それをまず、開くところからいきたい。包み紙はもちろん、新聞紙である。二、三日遅れの新聞ではなく、やっぱり当日の新聞がいい。興味のある記事を見つけながら、ゆっくりと開いていこう。

出てくるのは、アルマイト製のいわゆるドカベンである。何段重ねにもなっている、しゃら臭い弁当箱などではいけない。弁当は、おかずとご飯のハーモニー。一段勝負である。

そして、おかずだが、これはごちゃごちゃと入っていてはいけない。シンプル・イズ・ベストである。

その中身は、塩シャケ、のり、そして梅干し。これがきわめつけの三点セットである。いろいろ試してみた結果、この三点セットにまさるものはないと確信した。

ああ、考えただけでも、よだれが出てくるではないか。

おかずの数はうるさくはないが、わたしはご飯についてはうるさい。低農薬の良質米。電気釜で炊いたりしてはいけない。かまどで炊きたいところだが、それは難しいだろうから、ガス釜で炊きたい。

同じ米でも、電気とガスとでは、炊き上がりがまったく違う。

わたしは以前、東京ガスのPR誌に、白いご飯のおいしさについてエッセイを書き、東京ガスからガス釜をいただいたことがある。以来、それを愛用している。

ある日、わたしは自分が考案した弁当をつくり、それを持って、会社に出た。社内で食べるのはちょっと恥ずかしかったので、近くの公園で食べたのだが、その、究極の弁当を広げたときというのは、まさに至福の昼休みだった。

●葵のブランド米

米づくりというのをやってみたいと、ずっと思ってきた。つまり、お百姓である。やってみたいけど、わたしには土地がない。わずか四代前には、日本中に七百万石とか八百万石とかいわれる米を生産する土地をもっていたのに、いまや一粒の米をつくる土地もないのである。

それはともかく、そんなことを思っているうち、たまたま新潟の農家の人と知り合いになった。

この人も、低農薬有機栽培のいい米をつくりたいと頑張っている人である。

わたしの米作観などを話していたら、すっかり意気投合してしまった。

結局、田植えの手伝いまですることになった。

そのうち、ひとつの構想が頭に浮かんできた。この農家の協力を得て、完璧な米をつくることはできないか。

もちろん低農薬。しかも、味はおいしい。

そして、たとえばちょっとミーハーぽいが袋には葵の紋を入れる。すなわち、葵のブランド米である。

あまり付加価値にはならないけれど、元将軍家のお墨つき。

商売にならないかと夢想した。

ところが、問題がある。いまどきの米の値段が安すぎるのである。

手間暇をかけて、ほんとうに身体によくておいしい米ができたら、わたしは十キロ二万円とってもおかしくはないと思う。

江戸時代や明治大正の頃の物価と比べても、人件費や人の収入を考慮しても、この値段はべらぼうではない。

ところが、それでは売れるわけがないのである。つまりは、いい米をつくるために、それだけのエネルギーを費やすことはできないのだ。

そんなことで、この計画は頓挫《とんざ》している。

わたしは精米店はもちろん、商売の経験がないため、いまはどうやって売っていったらいいかを考えているところである。

●つまらないおみやげはやめにしよう

食べ物の話になったついでに、おみやげの話をしよう。

日本人というのは、どうしてこうもおみやげのセンスがないのだろうと、つねづねあきれている。

遠いところから、わざわざ抱えて来るのに、そのおみやげのつまらないことといったら、ほとんどガッカリさせるために持って来るのじゃないかと思うほどである。たいがいは地元の銘菓というやつ。ところが、名物にうまいものなしのたとえどおりである。

しかも、相手がどこから訪ねて来るか聞いただけで、おみやげを予想することができる。おそらく、あれを持って来るんだろうなあと思うと、ちゃんとそれを持って来る。意外性の喜びもなにもない。

先日も、来年の大河ドラマのイベントでご相談したいという人がやって来た。

その少し前、たまたまいっしょにいた人と、

「たぶん、おみやげは餡子《あんこ》を、シソで巻いたお菓子だよ」

と予想をした。

案の定、シソのお菓子を持って来た。しかも、わたしは、シソが嫌いである。それを知らない人に何の罪もないのだが、内心がっかりしたのは正直なところである。

もちろん、わたしは、おみやげを持って来てくれる気持ちに不満があるのではない。個人的にではなく、日本人全体にはびこる、あまりにも安易なおみやげ選びに文句を言っているのだ。

だから、わたしはおみやげをくれるとわかっている人には、どうせなら、あれを持って来てくださいと指定することにしている。

先日は、静岡県の清水に行ったとき、おみやげを持たせてくれるというので、

「だったら、かつおぶしをください」

と言った。最近、かつおぶしを削る箱を買って、それで削ると断然、うまいダシが取れるのだ。

わたしはそのおみやげを抱え、大喜びで東京に戻った。

もちろん、値段も関係はない。その地方でほんとうにおいしいもの、相手がこちらの好みを知っていてくれたのだなと思えるもの、あるいはこちらの好みを推測した努力が感じられるもの、そういったものがいちばん嬉しい。

もちろん、おみやげなんて、別になくたって、それでどうこう思うことはない。

ただ、ほんとにつまらないものを、

「つまらないものですが……」

と持って来る習慣だけは、いいかげんにやめにしたいものである。

●フォークの背にライスをのせるな

食べ物の話の最後は、マナーの話にしよう。

わたしは、子どもの頃からとりたてて贅沢な食事をしてきたわけではないが、食事のマナーに関してだけは、厳しくしつけられてきた。

これは、母の教育方針でもあったのだろう。

そのせいか、初対面で人間を判断するときは、食事のマナーを見る習慣がついてしまった。そのことを知人に話したら、

「そんなことを言われると、慶朝さんといっしょに食事をしたくなくなるなぁ」

と言われた。

嫌がられると困る。

ただ、食事のマナーで、この人はどういうしつけられ方をしてきたか、マナーに厳格な家庭かどうか、それくらいはわかるといった程度のものである。

ただ、これだけはやめてもらいたいと思うことがふたつある。

ひとつは、フォークの裏側にご飯をのせて食べること。

あれは、いつ頃、誰がやり出したのかわからないが、あんなに食べにくく、みっともない方法というのはちょっとないのではないか。あんなことをするくらいなら、箸を借りて食べればいいのだ。

そして、もうひとつは、刺し身のわさびを、まず醬油に溶かしてから、それにつけて食べること。作法という面からするとそれでもいいという見方はあるが、わさびの味が薄まるのがもったいないと思うのだ。そればかりかわたしには、ひどく格好の悪いことに思える。

好きな分を刺し身に塗って、それから醬油につけて食べる。そのほうが見た目もきれいだし、だいいちずっとおいしいのである。マナーというのは、いちがいにこれが正しいと決めつけるのは難しいが、おいしく、きれいに食べる方法でもあるとわたしは思っている。

食事のマナーに加えて、女性の場合は、お茶の入れ方も眺めることにしている。

会社に勤めている頃、

「お茶くみばかりさせられるのはたまらない」

などとぼやく女子社員がいた。

わたしは、それは大きな勘違いじゃないのかと思う。お茶くみは立派な仕事であり、有能な人ほど、上手にお茶を入れてくれる。さらに、会社に来る客も、

「この会社は社員教育もきちんとしているようだな」

と信用の度合がぐんと高まったりもするはずである。

ところが、文句を言う女性にかぎって、お茶の入れ方が下手なのである。せっかくのいい茶葉を熱すぎる湯で台無しにしたりする。ほとんど色つきの湯みたいなものを飲ま

せてくれるのだ。そのくせ、こういう女性が茶道なんて習っていたりするのだから、いったい何のためにやっているのかと、首をかしげたくなった。

食事のマナーを見張り、お茶の入れ方を観察する――この癖があるため、わたしは長いこと女性にもてなかったのかもしれない。

モテモテ将軍の曾孫は女性の縁に乏しくて

●もてた慶喜

慶喜には、正妻の美賀子《みかこ》のほかに、ふたりの側室があったことは、よく知られている。

慶喜の記録に残る子どもの数は、十男十一女。

そのうち、正妻の美賀子が産んだのは、ひとりだけで、ほかは皆、側室が産んだ子どもたちである。

正妻と、側室ふたりというのは、現代の男たちからみれば、充分に恵まれた数だけれど、実際はこれだけにはとどまらなかったらしい。

有名なところでは、江戸の侠客・新門辰五郎《しんもんたつごろう》の娘のお芳。この人は、慶喜の愛人だったらしい。

お芳は、鳥羽伏見の戦いのあと、慶喜が大阪から江戸まで戻るときの船にまで乗りこんでいたというから、よほど可愛がられたのだろう。

また、慶喜が写した写真のなかには、側室のほかにお女中が数人まじっていて、この娘たちにもちょっとお手出しをすることもあったかもしれない。

だが逆に、慶喜は大奥の多すぎる女性たちの数を減らしてすっきりさせようということも言い出し、大奥から総スカンを食ったりしているほどだから、やみくもに女性好きだったとはいえないような気もする。

もし、慶喜が実際に女性好きだったとしても、それは遺伝のせいもあるかもしれない。なにせ、慶喜の父・水戸の烈公が、ひどい女好きだったという。

水戸の偕楽園《かいらくえん》では、梅の花見をするとき、家臣の娘たちは島田の髷《まげ》をかならず丸髷に結い直すほどだった。

というのは、未婚の証拠である島田髷を結っていると、烈公の目にとまって、無理矢理に奥へ入れられてしまう恐れがあったからだという。

それほどの性豪の息子であれば、多少、好色の度合が強かったとしても、仕方がないことだろう。

それに、慶喜は何のかんのいっても、将軍の座についたのである。将軍というのは、自分の子種を絶やさないようにするのも大切な仕事のうちなのだから、そのあたりは大目にみてやりたい。

●女性は盾か

「羨ましいでしょう」

などと言われることもある。

四代前の曾祖父は、大奥で女たちに取り囲まれていたのにという勝手な想像である。だが、ちっとも羨ましくなどない。それに、正確に言うと、慶喜は大奥というものをもたなかった。激動期に将軍の座についてしまったため、ずっと京都にいっぱなしで、江戸城で大奥をつくる暇もなかったのである。

だいたいが、大勢の女性に囲まれていたとしても、それがほんとうに幸せなことだとはわたしには思えない。

そこにはかならずや、女たちの争いも出現することだろう。あてこすりやら、意地悪やら、足のひっぱり合いなどが渦巻くのである。そんな光景を傍目に見ながら、幸せでいられる気分というのは、わたしにはありそうもない。

ただ、慶喜にすると、側室がふたりいるというのは便利なこともあったらしい。

静岡へ行ったばかりの慶喜は、お信《のぶ》とお幸《こう》というふたりの側室とともに、いつもYの字になって寝ていたという。

よく川の字になって寝るとはいうが、Yの字というのはどういうことか。

その理由は、暗殺者が寝間に侵入してきたとき、真っ暗だとどれが誰だかわからない。しかも、Yの字に寝ていれば、部屋の四方どこから入って来ても、誰かにぶつかるというので、脱出できる可能性も高くなるというのだ。

だとすると、側室は盾がわりにされていたことになる。事実だとすれば、面白い話もあったものである。

●次の代の慶久も女性にもてた

慶喜が女性にもてたと言うと、反論する人もあるだろう。将軍なのだから、女の側が拒否することはできない、だからそれはもてたとは言えないと。

だが、慶喜は美男子のほまれも高く、なんとも言えない威厳がそなわり、かつ優しい性格でもあったので、わたしは実際にもてたのだろうと思っている。

慶喜の次の代である慶久も、女性にもてた。こちらは、公爵という身分に関係なく、もてただろうと、わたしは思っている。

慶久は、多くの写真も残っているが、慶喜を上回るほどのいい男だった。背広姿で、銀ブチメガネに口髭をたくわえた写真もあり、これなどは映画俳優にしてもおかしくないくらいの美男子ぶりである。

しかも、実際にもそうだったが、インテリぶりが顔にもにじみ出ている。

加えてスポーツは万能、海外留学の経験もある。

これではもてるなと言われても無理だろう。ただ、もてすぎたことも悩みの種になったりしたようだ。

このあたり、難しいところなのである。

慶久の次の代はというと、わたしの父・慶光になるが、ここにももてる遺伝子が伝わっていたかどうか、それがわたしにはわからないのである。

ただ、慶久とはまったく違うタイプだったような気がしている。

●見事なまでにもてない

慶喜、慶久、慶光ときて、さて、わたしの代である。

女性にもてる遺伝子はいったいどこに消えたのだろうか。モテモテ将軍の名残はどこにとどまっているというのか。

わたしは正直に言って、これまで生きてきたおよそ五十年間、おかげさまで、見事なまでに女性にもてなかった。

どれくらいもてないかというと、これがまるっきりもてない。デートにさえこぎつけることができない。

自分から女性を口説き落としたなどというのは、皆無である。

とはいえ、わたしは恥ずかしがり屋で、女性に声をかけるのが苦手だというタイプでは決してない。それどころか、女性にはわりと平気で声をかけることができる。

しかも四十歳を過ぎたら、羞恥心はほとんどなくなり、冗談まじりにいろんな誘いの言葉を吐けるようになった。

ところが、こちらは長いあいだの慣れから、すっかり断られると思いこんで誘っているため、なまじその冗談が通じてしまうと急に怖くなったりするのだ。

▲祖父・慶久。徳川慶喜家第２代当主。明治17（1884）年生まれ。貴族院議員、華族世襲財産審議会議長を務めたが、大正11（1922）年、39歳の若さで急死した。

先日、あるイベント会社の女性営業マンから、

「慶喜公の写真を貸してくれないか」

という依頼が舞いこんだ。わたしは、面倒だし、どうせ来るわけはないだろうと、行きつけの健康センターの場所を教え、

「ここに来てくれれば、話を聞くよ」

と冗談まじりに言ってみた。

すると、来ていたのである。わたしは内心、驚いた。

「カラオケをやろうか」

誘うと、うなずくのである。ついには、

「今度、いっしょに温泉でも行こう」

と言うと、

「はい、わかりました」

と、これも承知するではないか。

あまりの素直さに怖くなってしまった。こういう女性には、あとで何を言われるかわからないではないか。

五十年の間で、冗談が通じたのは、このときが初めて。つまり、生まれてから一度も、女性を誘って成功した試しがないということである。

誘いが通じるのが、あんなに恐ろしいものだとは、わたしは初めて知ったのだった。

もてる男たちというのは、ああいうケースをすべて最後までこなしてしまうのだろうか、わたしには信じられないことである。

ちなみにわたしは、いまではもてないというのは幸せなことなのだと悟っている。もてなくてよかったなあとすら思っている。

というのも、女性とのつき合いが生じ、突然、

「おなかが大きくなってきました」

と言われるのが心配なのである。わたしはなんだか、言われたことのないこのセリフに極端なまでの恐怖心を抱いているのだ。

「そんなに簡単におなかは大きくならないよ」

と悪い友人は笑うのだが、慶喜は十男十一女である。もしかしたら、わたしは無意識のうちに、わが家系の卓越した繁殖力を感じ、それに怯えているのかもしれない。

●好みのタイプ

「好みの女性のタイプはどんな感じなんですか?」

わたしがまるでもてないという話をしていたら、そんなことを聞かれた。

「好みのタイプねえ……」

ふつうなら、そういうときは女優とか歌手の名前を出して、あんな感じがいいですねなどと言うのだろうし、それがわかりやすいのだろう。

だが、わたしはテレビをほとんど見ないので、それが言えないのである。

「誰かいるでしょうよ」

と、しつこく尋ねられるうち、ようやく思い出した人がいた。そこで、あるベテラン女優さんの名前を出して、

「あんな人がいいな」

と答えたら、

「それは古い」

と言われた。無理矢理聞いておいて、古いもないものである。

だが、わたしはオーソドックスな日本美人タイプが好きで、やはりその女優さんの顔は好みである。

しかも、そんな話をしたあとで、その女優さんが、たまたまNHK大河ドラマの『徳川慶喜』に出演したのである。わたしは、この番組の宣伝写真を撮ったりしたので、もしロケーションにでも同行するときがあったら、

「控室は○○さんといっしょでいいです」

と、申し出ようかと思っていたが、結局そんな機会はなかった。

なお、慶喜のふたりの側室の写真も、慶喜自身が撮影して、現存している。撮ったのはもうだいぶ歳をとって、容色も衰えてからだが、それでも若い頃はなかなか美人だったろうと推測できる。

それが、どちらも面長の日本的な美人である。もっともあの頃は、いまみたいに外国人の顔を見慣れていないわけだから、日本的もなにもないのだろうが。

だが、まあわたしの好きな女優さんにつながるタイプではある。してみると、女性の好みも、もしかしたら引き継いでいるのかもしれない。

これで、もてるところまで引き継いでいれば、わたしとしては言うことはなかったのであるが……。

●お勧めのデートコース

理想のデートコースというものがある。もてないくせに、なにが理想のデートコースかと言われるかもしれないが、だいたい世の中はそうしたものである。もてる男などは、コースなどに頭をつかわなくとも、もてしまうのだから。

場所は鎌倉。わたしはここに二年ほど住んだことがあるので、このあたりにはちょっとくわしい。

鎌倉駅には朝の九時半頃に集合しよう。夏でも水着は不要。ジーンズにTシャツ。買い物が多くなるのでリュック持参をお勧めする。

駅を出て、御成小学校を見ながら、西洋乾物屋の「アジア商会」で、フレンチローストのコーヒー一キログラムを買う。わたしの好みのツヤ消し黒のフレンチロースト（これはわたし流の言い方で一般的ではない）で、とにかくおいしいのである。

その後、昔ふうのシブいおもちゃ屋「くろぬま」をのぞくことにする。ここは、子どもも時代の懐しいおもちゃが並んでいて、童心に帰ることができる。この店で千円もつかったら、たいしたお大尽。夏ならば花火も買いたいところだ。

つづいて「高崎屋酒店」で、おいしい日本酒を買う。ここは、おいしいと評判の酒がズラリと揃っている。

もうこのあたりで、リュックはかさばり、重くて持ち歩くのがたいへんになってくるはずだ。そこで、いったん駅のコインロッカーにリュックを預けて、再び出直し。

そろそろ腹も減ってきたから、「かやぎ屋」で特上のウナ重とビールを頼もう。脂がのったうなぎを最高の調理で食べさせてくれる。

その後、鎌倉の名所にもなっている野菜市場で、農家の方が直接売っている野菜を買い、ついでに「井上」で「梅花はんぺん」と「紀ノ国屋」で肉や生わさびを買い、電車に乗って帰るのである。

「なんだ、デートコースというよりも、買い物コースじゃないですか」

と言う人もいるだろうが、それはデートをあまりにも画一的に考えすぎている証拠である。もちろん、この先もある。

こうして、電車で鎌倉をあとにし、夕方に家にたどりつく。重い買い物をしたあとだから、汗もかいたことだろう。

「汗だけでも流して帰れば?」

という誘いを忘れてはいけない。

「そうね。じゃ、ちょっとシャワーだけ」

なんてことを彼女が言う。

彼女がお風呂に入ると、あなたはすぐさま彼女が着ていたものを洗濯機に入れてしまい、

「ぼくも汗かいちゃったもので」

と、何食わぬ顔でお風呂にお邪魔する。

このあとは、「梅花はんぺん」をワサビ醬油につけてツマミにし、「高崎屋酒店」で買った日本酒を傾ける。

夜はしんしん。ここまできて、

「わたし、そろそろ」

はないだろう。もし、そんなことを言うようだったら、まだ乾いていない服といっしょに外へ放り出すしかない。

これだけおいしいものを用意してあげても、まだ覚悟をしぶるような女性は、たとえ結婚などしても一生食べ物で苦しむことになるのだから。

ちなみに、わたしの考えたこのコース、何人ものカップルに勧めておおいに喜ばれたけれど、わたし自身はカップルとして楽しんだことはない。

ま、そういうものなのである。

カメラマン徳川慶喜の腕前

●慶喜のカメラ歴

徳川慶喜の写真マニアぶりは、わたしが『将軍が撮った明治』を出版したあたりから、よく知られるようになった。

それまでは、文献には登場してきても、写真の現物が少なかったため、あまりピンとこなかったのではないか。

そういう意味でも、意義のある出版だったと思っている。

ところで、慶喜が写真にのめりこんでいく過程を、順を追ってみると、最初は撮られることが好きというあたりから始まっている。

やはり写真が好きだったことで知られているのは、薩摩の島津斉彬《しまづなりあきら》である。この、西郷隆盛などを育て、薩摩に改革の火をつけたことで知られる大名は、自ら銀板写真のモデルにもなり、その写真は日本人が撮影した最古のものとして現存している。

撮影されたのは安政四（一八五七）年のことである。

では、慶喜は島津斉彬の影響を受けたのかと思われるかもしれないが、戸定歴史館の斉藤洋一さんによれば、それよりはるか前の嘉永二（一八四九）年に、すでに薩摩の島津斉彬と水戸の徳川斉昭とのあいだで、写真について書簡をかわし合っていたという。慶喜は島津斉彬よりも、むしろ父の烈公から直接、知識を得ていたのかもしれない。

慶喜の写真でもっとも古いものとされるのは、元治元（一八六四）年から慶応二（一八六六）年のあいだに撮られたと推測される写真である。

そして、これ以後、慶喜は頻繁に写真に写り、その多くはいまも残っている。

ただし、この頃はお抱えの写真師に写真を撮らせるだけで、自分で撮影まではしなかったようだし、実際、そんな暇はなかっただろう。

では、いつから慶喜が写真を自分で撮るようになったかだが、これについては明確な資料はないらしい。幕末期からすでに始めていたともいわれるが、はっきりはしない。

おそらく、静岡に隠遁してからではないかとみられている。

ところで、慶喜は何にでも熟練してしまう、すごく器用な人だと思われているが、どうも不器用なところもあったらしい。

というのも、初期の写真のフィルムは湿板《しっぱん》といわれるもので、これは撮影直前にフィルムをつくらなければならない。

この作業が面倒臭いというので、音をあげていたふしもあるのだ。

だから、慶喜が本格的に撮影にのめりこむのは、現在のフィルム原型である乾板《かんぱん》というものが入手できるようになってからである。

これが、明治二十年代のことで、『家扶日記』にも、明治二十六（一八九三）年から二十八（一八九五）年にかけて、慶喜が頻繁に撮影に出向いていたことが記されている。この頃、慶喜は五十七歳になっているのだけれど、まるでなにかに凝り始めた若者みたいに精力的に歩き回っているのだ。

さらに、慶喜は撮った写真を雑誌に投稿までしていた。

投稿といっても、一般向けの雑誌ではない。華族のなかの写真愛好家が明治三十年代に発行していた『華影』という投稿誌に送っていたのである。

この雑誌では、コンテストのようなこともおこなっていた。毎回、テーマが決まっていて、それに合わせて写真を送るのだ。

選者は、洋画家として有名な黒田清輝と、写真家の小川一真という人で、二人で得点をつけ、高い順から一等、二等というように入選作を出していた。

慶喜はこのコンテストで、一度、二等に入選している。

戸定歴史館の調べでは少なくとも九点の作品が掲載されているというから、かなりの投稿マニアだったのかもしれない。

●写真家の曾孫が腕を判定する

それほどまで熱中した慶喜の写真だが、その腕前はどの程度のものだったのか。これは、写真家としてのわたしの感想である。

わたしは、とくに東京に出て来てからの写真を高く評価したい。それらは、「究極のスナップ写真」とも、「リアリズムの極致」ともいっていい出来である。

静岡にいる頃の写真は、構図に凝り、人物にも演出を加えていた。

だが、東京に来ると、演出の臭みはまったくなくなり、対象を静かな視点で眺めてシャッターを切っている。

また、慶喜は写真に関して、さまざまな試みにチャレンジしつづけた。

写真に着色することも自分の手でおこなっていたし、明治三十八（一九〇五）年にはすでに立体写真まで撮影している。

このように、次々と新しい試みをおこなうことこそ、慶喜のまれにみる創造性を示している。

だが、なにより素晴らしいと思うことは、慶喜が写真のTQC（トータル・クオリティ・コントロール）を理解していたということである。これから撮る写真は何のための写真か、どうつかうのかを考え、そこからフィルム性能や現像特性、印画紙性能など工程のすべてを管理している。

こうした品質管理の発想がとりざたされるようになったのは、つい最近のことである。だが、慶喜は、はるか明治の時代に、すでにそこに気がつき、実践していたのである。

この先駆者ぶりというのは、何なのだろうか。

●一枚の油絵

慶喜の芸術的センスは、写真だけでなく、絵画、書、和歌、俳句などにも発揮されている。この多才ぶりは、なんとも羨ましい。

写真にも、慶喜の絵心が生かされていた。

最初は日本画を学んでいた慶喜だが、明治に入るとすぐ、油絵を描き始めている。

当時は画材の入手が難しかった。

だが、慶喜はキャンバスから絵の具にいたるまで、独自の創意工夫をして、代用品をつくっていた。

慶喜が描いた油絵というのがまた、じつに面白いものである。

その一点が現在は、福井市立郷土歴史博物館におさめられている、福井藩主だった松平《まつだいら》春嶽《しゅんがく》に贈った油絵は、どこかヨーロッパの田舎町あたりの雪景色を描いたものである。

ヨーロッパの田舎町といっても、慶喜は行ったことがないので、向こうの風景画を見た知識に、想像をまじえて描いたのだろう。

風景全体は、荒涼とした雪景色であり、画面手前に描かれた裸木も寒々しい。だが、そこを親子らしいふたり連れが歩き、家屋には火の明かりも見えて、どことなくぬくもりが感じられる。

なんだか、物語の挿絵のようでもあり、どこかメルヘンチックな、不思議な味わいをもつ絵なのである。

慶喜は、頑迷な連中からは、「洋癖家」とまで呼ばれて、その進取の気風が嫌悪されたりした。

だが、慶喜が描いた、こうした心象風景を理解できる連中が当時どれだけいたのだろう。慶喜という人がどれだけ孤独だったか、この絵を見ただけでも伝わってくる。

●わたしの絵心

写真好きはわたしの代に飛び火してきたが、絵心は残念ながらまったく途切れてしまったらしい。

わたしは、絵を描くのがひどく苦手である。

ただ、ちょっとしたきっかけで何度か絵の教室に出かけたりしたことはある。

まず、野外で目の前の風景をスケッチし、それから絵の具を塗って完成させていく。ところが、そのスケッチからしてうまくいかないのである。

そこでわたしは、一計を案じた。

スケッチはやめにして、最初から自分が撮った写真を引き伸ばし機でキャンバスに投影させ、下書きして持って行くのである。そして、現地ではそれに絵の具を塗り、油絵を完成させるという苦肉の策である。

これはなかなか面白いものだった。

明治の写真にも着色写真というのがあった。よく、明治初期の写真を見て、あの頃からカラー写真があったのかと、驚いている人がいるが、あれは白黒の写真にあとで色をつけたのである。

つまり、それと似たようなことをやっていたわけだ。

ところが、野外で絵など描いていると、たいてい通りがかった人がのぞきこんだりする。これがまた、恥ずかしいのだが、わたしの絵をのぞいた人は、皆、

「なんだ、これは？」

と首をひねるのである。

それもそのはずである。現前の光景とはまったく関係のないものを描いていたのだから。

まあ、わたしの絵の腕前はそんな程度のものだった。

慶喜の絵心が、羨ましい……。

羨ましいといえば、徳川慶喜という人は、非常に字の上手な人だった。字は人間を表すと思われていた時代だから、慶喜が子どもの頃から、あまりにも雄渾《ゆうこん》な文字を書いたため、その人間性を大いに期待されたのだそうだ。

その慶喜の字は、いまでも簡単に見ることができる。東京の日本橋。この欄干に「日本橋」という文字が刻まれているが、あの文字は慶喜が書いたものである。

なんでも、この日本橋を明治四十四（一九一一）年に改造するとき、維新の際に戦火を免れることができたのは、慶喜の決断があったおかげだというので、旧幕臣の技師から、揮毫《きごう》を頼まれたのだという。

すでに目立つことを嫌っていた慶喜は、何度かこの依頼を断ったのだが、やむを得ず引き受けることになり、漢字と平仮名の二種類の字を書いて渡した。

ところが、この字が、橋に刻まれるより先に、新聞発表されたところ、慶喜が書いた「日本橋」の「本」という字が、「夲」の字になっていた。

どちらも「ほん」と読むのだが、新聞の読者から、この二つの字は異なるものだという抗議があった。

すると、慶喜は、

「誤りを末代に残すのは本意ではない」

と言って、これをもう一度、書き直した。それが、現在も残る「日本橋」という文字なのである。

さて、達筆だった慶喜の曾孫であるわたしだが、これがまた、なんとも情けないくらい字が下手なのである。無理に理由をつけると、わたしが通った小学校には、習字の時間がなかった。わたしは、筆の字を習う機会がなく、大人になってしまったのだ。

後年、ちょっと気取って、筆で名前を書いたりするようになったが、われながら恐ろしい筆さばきである。そこで、知り合いの書家に、

「五十の手習いをしようかと思っているのですが」

と、さりげなく相談してみた。

すると、果たしてわたしの書いた文字を見たからなのか、

「いやあ、この歳になった人には、もう教えにくいものなのです。それより、自分で好きに、自己流でいいから、どんどんお書きになるのがいいでしょう」

と、やんわり断られてしまった。

以後、わたしは、書家の教えを守り、名刺などもその場で筆を取り出し、サラサラと手書きする。

(なんだ、この字は!)

と相手が吹き出しそうにしているのを、横目で見ながら……。

●写真家としてのわたし

わたしはずいぶん早い時期に、写真家になろうと決心した。

もともと子どもの頃から、ロールになっているフィルムが、どうしてふだん見ている写真になるのか、それが不思議で仕方がなかった。やがて、中学に入り、なにかひとつクラブ活動をしなければいけないというので、写真部をのぞいてみた。そこで初めて、現像という過程を知ったのである。

先輩に教えられながら、現像をやってみる。まず、フィルムがネガになった。さらに

引き伸ばし機にセットして印画紙に露光し、現像処理をすると、見慣れた写真ができ上がったではないか。

長年の疑問がたちどころに氷解した。同時に、わたしの職業はこれしかないと思いこんでしまったのである。

その後アルバイトをしながら、写真学校にも通った。

ところが、カメラマンになりたいと言い出したときは、誰も、

「慶喜家の血ね」

などということは言ってくれなかった。

それどころか、

「一族の周囲にも、そんな人はいない」

と、異議が唱えられた。

まだ、若かったわたしは、異議を唱える親とか親戚の者と口をきくのさえ嫌になってしまった。

（どうせ、言ってもわからない。この人たちには、写真を撮りたいなどという夢は、口で説明したって、一生、わからないだろう……）

などとも思った。

結局、わたしは、周囲が止める言葉に耳を貸さず、写真家の道を踏み出していった。

一時期、わたしは松戸の戸定歴史館で、ときおり写真の講座を開いていた。

これには、写真に興味をもつ若い人たちがたくさんやって来た。女のコのあいだでも写真が流行っているらしく、女子中学生や女子高生も少なくなかった。

なかなかの盛況ぶりだったが、ただしこれは無料だからということもあっただろう。写真を習うのにお金を払おうという人など、ほとんどいないのである。

パソコンだとか英会話などの習得には、お金を払ってでも教室に通う人はたくさんいる。だが、写真好きの人にかぎって、お金を払わないで技術を身につけようと思う人がじつに多いのである。

そういう一抹の寂しさはあるにせよ、ゆくゆくはこの生徒たちのなかからも、将来、有望なカメラマンが生まれるかもしれないと、講座をつづけていた。

ただ、わたしが教え手として有能だったかどうか、それはわからない。

講座の最後に、いつも質疑応答があったのだが、ここでの会話は、写真にくわしい人が聞いたら思わず笑ってしまったかもしれない。

「花の写真を撮りたいのですが、コツを教えてくれませんか」

「わたしは花はあまり得意じゃないので、それは秋山庄太郎さん（お亡くなりになったが）に聞いてください」

「あのぉ、コンテストに入選する方法を教えてください」

「わたしが出しても落ちているくらいだから、それは教えようがありませんね」

などといった調子だった。

正直すぎただろうか。だが、わたしはハッタリをかませたりすることは得意ではない。じつは、この講座でもコンテストをやってはどうかと言われたりした。そして、いまもときおり審査員をやれとも言われている。

だが、生徒にも語ったように、わたし自身がコンテストに落選しているのに、それで審査員をやるというのは、どうかと思われる。

だいたいが、写真という感性やセンスが問われるものを、比較して優劣をつけるということ自体に難しいものがあるのだ。しかも、それを一枚の写真から判断するのは、至難のわざどころか、ほんとうは不可能なことである。

ちょっと話がそれたが、写真の道というのも、決して楽ではないということだ。

慶喜は、あくまでアマチュアカメラマンであった。立場上、アマチュアでいなければならなかった。

慶喜がもし、現代に生きていたら、プロの写真家の道をめざしただろうか。あるいは写真家でなくても、画家や、書家をめざしただろうか。

最近、ふっと、そんなことを考えてみたりする……。

●曾孫が慶喜を撮る

ところで、わたしは何年か前に、曾祖父・徳川慶喜の写真を自分の手で撮影するという不思議な機会に恵まれた。人間を五十年もやっていると、奇妙な体験までするものである。

徳川慶喜といっても、もちろん大正二（一九一三）年に亡くなった本物ではない。NHKの大河ドラマ『徳川慶喜』に主演した本木雅弘くんを、わたしが撮影したのである。仕掛け人はNHKのプロデューサー。もちろん番組宣伝の意味でこの企画を思いついたのだろう。

最初に連絡があったとき、正直、わたしは戸惑った。じつはカメラマンにも得意の分野があり、わたしはオートバイや車、その他の商品類、それに風景や建物などは山ほど撮ってきたが、人物写真というのはほとんど経験がなかった。

知人に相談すると、

「いいじゃないか。モノだと思って撮ればいいのだから」

と、無責任なことを言った。

わたしはテレビをほとんど見ないので、本木くんの活躍もよくは知らなかったのだが、それでも行きつけの銀行に彼のポスターが貼ってあったりして、売れっ子スターであることぐらいはわきまえていた。その彼をつかまえて、モノ扱いもないだろう。

そこでプロデューサーに相談すると、これまでの作品を見せてくれと言われ、持って行って見せたところ、

「大丈夫です。ぜひ、お願いします」

ということになった。

そうまで言われれば、たとえ本木くんがオートバイみたいな顔で写っても、わたしの責任ではなくなる。結局、これもなにかの縁なのだろうと、引き受けることにした。

さらによく話を聞くと、わたしの撮るのは宣伝用のテレホンカードとして使用されるということだった。NHKの大河ドラマの宣伝だから、露出度はきわめて高い。大仕事だったのである。

さて、撮影当日、わたしはNHKのスタジオを訪れた。

まだ、ドラマの収録は始まらないので、本木くんはこの撮影と、カツラ合わせのためだけにわざわざやって来ていた。

まず、挨拶をした。もちろん初対面である。

本木くんはじつに好青年であった。しかも、さすがにいい男である。

徳川慶喜もその男ぶりのよさが有名だった。聡明そうな広い額に、すっきりした鼻筋、ひきしまった口元、当時日本にやって来た外国人たちも、その二枚目ぶりには感心するほどだったという。

その慶喜がフランスの軍装をして撮った写真がある。慶喜は服装についても洋式をとり入れるのに積極的だった。この洋装姿をテレホンカードにつかうとは、NHKもお目が高い。

ちなみに幕末の志士・坂本竜馬《さかもとりょうま》が、革靴を履いていたそのモダンぶりがかっこいいと人気があるけれど、わが曾祖父もモダンぶりでは竜馬に劣らなかったのである。

本木くんもまた、それをそっくりに復元した衣装を着てカメラの前に立った。するとどうだろう。思わず見とれるほどの二枚目ぶりではないか。さすがに当代随一の人気スターである。じつに絵になっている。慶喜がいくら二枚目であっても、やはり役者やスターではない。顔や姿かたちの美しさでは、本物の芸能人には勝てないようである。

しかも、本木くんは、慶喜が雰囲気としてもっていたであろう威厳や、時代に対する決意のようなものも、表情として表現してくれた。

わたしは、久しぶりに夢中になって、シャッターを切りつづけたのだった。

父・慶光の波瀾の人生

●十歳で慶喜家の当主に

わたしの父・慶光は、大正二（一九一三）年の二月に生まれた。例の「世が世なら」の伝で言えば、第十七代将軍だったかもしれない男の誕生である。

徳川慶喜が亡くなったのは大正二年十一月のことだから、父は赤ん坊のときに慶喜の膝に抱かれたという体験をもっていた。なんでも、慶喜の膝でおもらしをしたこともあったらしい。

江戸、明治、大正という激動の三代を経験し、先見の明があることでは定評のあった慶喜も、この孫がその後たどる運命については、予想は難しかったのではないか。波瀾万丈ということでは、父の人生は慶喜のそれを上回るほどのものだった。

最初にやってきた波瀾は、わたしからすると祖父にあたる慶久の、早すぎる死だった。

徳川慶喜家の家督を継いだ徳川慶久は、明治十七（一八八四）年生まれで、亡くなったのは大正十一（一九二二）年、享年三十九だった。

祖父・徳川慶久公爵は、孫のわたしにとって憧れの人物である。残された写真を見ても、じつに颯爽《さっそう》としている。

わたしもこの慶久ばかりは、生きているときに会ってみたかったものである。

亡くなったときは貴族院議員で、華族世襲財産審議会議長という役を務めていたが、仕事だけでなく、ライフスタイルのすべてが、洒落《しゃれ》ていて、スマートな男だった。

この慶久が、細川護立《ほそかわもりたつ》と、水戸徳川家で共同購入した軽井沢の別荘があった。ここは後年、わたしも訪れたことがあるが、趣味のいい洋館で、いかにも当時の華族の暮らしぶりを彷彿とさせてくれた。

亡くなったときの新聞記事には、親友の細川護立のコメントも掲載されていて、それによれば、

「我が貴族仲間の大立者で、才気縦横、故慶喜公の好いところを総て受け継いで居た。(中略)柔道は二段、碁も素人二段として華族社会で公の向ふに立つ者はゐない。撞球、鉄砲、乗馬、ゴルフ、油絵も描く。何をやっても巧い。学生時代にも別に勉強はしないが要点を摑むことが巧で、貴族院に出てもピシピシ急所を押へて行くところは巧いものであつた。夫れ丈け頭は明晰で、性格は円満、公に接する者は誰れでも或る強い魅力を感ずる。何でもやるが軽薄なところはない」

といったような人物だった。

この場合は、弔辞のようなものだから、多少の割引は必要だとしても、ゆくゆくは総

理大臣にという声もあがるほどの人物だったらしい。それほどの人物の突然の死であるから、これは父・慶光だけでなく、徳川慶喜家にとっても大きな衝撃だった。

そして、祖父の死によって、当時、まだ十歳だった父・慶光は、急遽《きゅうきょ》、徳川慶喜家の家督を継ぐことになったのである。

●陸軍二等兵として出征

徳川慶喜家の家督を継いだ父・慶光は、その後、学習院から東京帝国大学に進み、そこで中国哲学を学んだのち、宮内省に勤務した。

昭和十三（一九三八）年には、母と結婚し、第六天の屋敷で、新婚家庭を営みはじめた。

だが、時局は不穏の度を加え、ついに太平洋戦争へと突入していく。

昭和十五（一九四〇）年一月。父は召集され、二等兵として入隊した。

このとき父は、公爵で貴族院議員にもなっていた。それが二等兵として召集されたというのは、奇異な感じをもつ人も多いらしい。

だが、当時、華族だからといって、特別な恩典を受けるようなことはなかったのだ。それよりもむしろ、華族は皇室の藩屏《はんぺい》というので、率先して戦地へ行かされたという。

このため、華族のなかには、戦死した人たちも多いのである。

加えて、亡き母によれば、

「陸軍というのは、貧しい人や農家の二男三男以下の人たちが出世をする唯一の道だったため、そうした人たちには華族に対する反感もあったのではないか」

ということだったらしい。

さて、このときの召集では、父はまだ内地にいるときに肺炎になったため、陸軍病院に入院し、退院と同時に除隊になった。

昭和十六（一九四一）年七月にも召集されたが、身体検査で即日帰郷。

だが、昭和十九（一九四四）年二月、三度目の召集で、父はついに中国大陸へともっていかれる。もちろん、このときも二等兵である。

東部六十二部隊というところに入隊した父は、釜山《プサン》に船で上陸したあと、鉄道で南京《なんきん》に入り、ここからは行軍で武昌《ぶしょう》、岳州《がくしゅう》、長沙《ちょうさ》、衡陽《こうよう》へと進んだ。

いま、父のたどったあとを地図で眺めて見ると、中国大陸をほとんどひと回りしているようなものである。赤ん坊の頃から身体が丈夫ではなく、おそらく育たないだろうとさえ言われていた父にとって、これはつらいものだったろう。

事実、父は行く先々で病気になり、入退院を繰り返していた。とくに、長沙の野戦病院に入ったときは、赤痢とマラリヤに栄養失調が加わり、ほとんど危篤状態にあったそうだ。

晩年、父は当時のことをよく振り返り、

「助かったのは奇跡のようなもので、ご先祖様が守ってくださったとしか思えない」

と語っていた。

だが、病院に入院中、父が公爵で、しかも高松宮妃殿下の弟ということがわかると、さすがに大騒ぎになることもあったらしい。

このあたりの話は、父もよく語っていたのだが、申しわけないが、身内の人間の戦争体験というのは退屈で実感のないものである。ご多分にもれず、わたしもうわの空で聞き流していた。このため、正直言って、わたしはほとんど覚えていない。

そこで、「柳営会」という旗本の子孫の方たちがつくっている会が発行している小冊子のインタビューに父が答えたものがあるので、それから引用しておこう。

編集部「軍隊にお入りになって、徳川姓を名乗っていらしたわけですが、部隊の将兵には、慶喜公のお孫様であることが分かったんですか」

父「最初は分からないが、だんだん分かってしまうんだよ。それで困る。武昌陸軍病院に入院したときも、初めて軍医の所へ連れていかれたとき、『徳川という爵位はありますか』と聞くんだ。だから『あります』と答えた。そしたら『男爵ですか』と聞くから『もう少し上です』と答えた。また、『子爵ですか』というんだ。『もう少し上です』とやった。そうすると『伯爵ですか』というんだね。しょうがないから『ハムの公爵です』と答えた。そうしたら、『徳川家で公爵をもらっている方は徳川家正さんだけかと思っていましたが、他にもいらっしゃるのですか』と聞かれたよ」

編集部「慶光様が慶喜公のお孫様とわかってから、病院の中での対応は大変でしたでしょうね」

父「高松宮妃殿下の弟ということが分かってからは病院の中は大変でね。第六方面軍司令官の岡部直三郎大将が急遽見舞いにこられたり、旗本のご子孫で南京の岡村総司令から無電が届いたりし、水戸藩の櫛淵中将も見舞いに来て下さった。その度に病院側は大掃除、しらみ退治、軍服に着かえての送迎の礼などでとんだ忙しい思いをさせてご迷惑をかけてしまった」

こんなふうに、ときには他の二等兵と比べて優遇されることもあったのだが、それがずっとつづくわけではなく、上官からビンタを張られたり、空襲で逃げ回ったり、食べ物がまるで手に入らず苦労したりといったことが戦争の日常だった。

だが、その後、「貴族院議員」が効いたのか、上等兵に出世し、終戦を迎えた。場所は北京。なかなか日本に帰れず、シベリアにまでつれて行かれた人も多いなか、父は幸い、数カ月ほどして帰国することができた。

帰りの船は、狭いところに詰め込まれ、汚物の悪臭がすさまじいところで、ものを食べるのも難しい環境だったが、父はどういうわけか、そういうことは気にならないたちで、他人の分まで食べていたほどだったそうだ。

こうして父は、昭和二十（一九四五）年の十二月に、命からがら、東京の焼け野原に帰って来たのである。

このときの父のようすを、

「まるで、骨と皮みたいに痩せ細っていたのでびっくりした」

と、母は話してくれた。

●父の戦後

父は、銀座で一杯やることを楽しみに戻って来たという。

ところが、銀座どころか、東京一帯が焼け野原。水一杯飲むのも難しいような状態である。

さいわい第六天町の屋敷は延焼をまぬがれ、もとの部屋におさまることができた。

ところが、ここからがまた、過酷な戦後が待っている。

まず、華族制度が撤廃され、父は公爵の爵位も、貴族院議員の身分も失った。

そして、財閥解体とともに、莫大な財産税がかかってくる。

徳川慶喜家というのは、もともと財産はすでにたいしたものは残っていなかったのだが、それでも家屋敷は相当なものだった。このため、第六天町の屋敷は、物納というかたちで接収されてしまったのである。

そこで、まだわたしが生まれていなかった頃の一家は、静岡へと移り住んだ。最初は、西園寺公望の別荘だった坐漁荘《ざぎょうそう》というところに入り、さらに静岡市郊外の瀬名《せな》へと移った。

ここで父は、東海大学の付属高校で漢文の講師をしたりしていた。多少の畑地もあったので、父はここで野菜などをつくりながら、つましく暮らしていく決意をしたのだろう。もう一度、戦前の華々しい暮らしに戻りたいなどとは、思っていなかったはずである。

ところが、父の生活はその後も平坦なものではなかった。

このあたりは、なにせわたしが子どもで事情もよく知らないし、亡くなったとはいえ、父のプライバシーもあることだから、くわしくは書かない。

ただ、いくら庶民としてつましく暮らそうとしても、父の場合は戦前の華族の生活がすでに染みついてしまっていた。これは父の罪ではないだろう。

そんな父が、庶民の真似をしても、どこか違和感はあっただろう。父も、ギャップを感じていたに違いない。

父はいくつかの職を転々とした。事業の失敗などもあったらしい。

わたしからみても、父は決して労働を嫌がる人ではなかった。むしろ、誰よりも真面目に取り組む人だった。

また、過去の地位のプライドでがんじがらめになっているところもなかった。

しかし、何かが違っていたのだろう。

わたしが、ときおり思い立って、こんな商売をしてみようかなどと言うと、かならず友人などから、

「殿さま商売で、絶対につぶしてしまうから、やめておいたほうがいい」

と忠告される。

それと似たようなところがあったのだろう。

しかも、これはわたしもそうなのだが、どこかにつかいにくさのようなものを、相手に感じさせるのだろう。

商売も殿さま商売でダメ。

宮仕えもつかいにくさがあってダメ。

これでは生きていくのは難しい。

だが、父はどうにか長い戦後を生きのびることができた。

わたしたち家族は、やがて高輪の借家を出て、東京郊外の町田市に引っ越した。敷地六十坪足らずの小さな建売り住宅だったが、ようやく自分の家をもつことができた。

父はこのとき、六十歳になっていた。父にとっての長い戦後が終わりを告げたのは、このときだったかもしれない。

●やはり凝り性だった父

その後、父は楽隠居のように、二十年ほどの余生を送った。

父もまた、徳川慶喜家の男たちに共通するように、物事に熱中し、のめりこむタイプだった。

若い頃は、中国文化にのめりこみ、宮内省に勤め出したときの初任給は四十五円だったそうだが、その時分の月給はすべて、宮内省出入りの本屋への支払いで消えてしまっていたほどだった。

それほど中国が好きだった父が、中国との戦争に駆り出され、九死に一生を得るような思いまでしてきたのだから皮肉なものである。だが、その後もずっと、もう一度、中国を訪れてみたいと言っていたが、残念ながらその夢は叶わなかった。

壮年の頃の父は知らないが、晩年には料理に凝ったこともあった。

友人のひとりがフランス料理の本を出したのがきっかけで、ふだんは料理などしたこともなかったくせに、それに載っていた料理を片っぱしからつくっていたこともある。

また、なにを思ったのか、ハンコを押すときの朱肉を自分でつくっていたこともあった。よりによって、朱肉をつくってみようと思い立つところなどは、慶喜の飯盒や投網《とあみ》の練習にも共通する、不思議な行為である。

それから、わたしが梅酒づくりを始めると、父もさっそく真似してみたり、高松宮家の野菜づくりを見てくると、しばらく野菜づくりに凝ってみたり、多分に影響されやすいところもあった。

父は、帝大で中国哲学を学んだくらいだから、インテリといってもいいのだろうが、わたしがみる分には、まるでインテリっぽさは感じられなかった。むしろ、泥臭く、庶民的な男だったように思える。

誰がみても、インテリということでは、やはり祖父の慶久がそういうタイプだったのではないだろうか。

晩年近くになると、父は、昔のことをしきりに口にするようになった。

ところが、父の話には誇張が混じるのである。こっちが「へえ……」と聞いているうち、よく考えると辻褄《つじつま》が合わないという話も少なくなかった。

慶喜の話なども語ってはいたのだが、なにせ父は赤ん坊のときに抱かれただけだから、知るはずのない話になっていたりする。このため、わたしは父の話はほとんど聞き流し、適当な相槌を打つくらいになってしまっていた。

そんな父も、平成五（一九九三）年の二月六日に突然、亡くなった。

その日、わたしはちょうど出かけようとしていたのだが、母がやって来て、

「息をしていないみたいなの」

と言った。

それまでパーキンソン病のために歩くのは困難になっていたが、前の日まで晩酌を楽

しんでいたほどである。あわてて救急車を呼んだが、すでに手遅れであった。

奇《く》しくもこの日は、父の八十回目の誕生日にあたっていた。

葬儀のとき、わたしは心の底から泣いた。

(波瀾の生涯がこれで終わった……)

という気持ちだった。

慶喜もそうだったが、父の晩年も平穏で、わたしは幸せな余生だったと思う。終わりよければすべてよし、ではないが、父の壮年期のつらさを思うと、涙が止まらなかったのである。

●見こみ違いの人生

振り返れば、父の生涯というのは、見こみ外れの連続だったのではないだろうか。

逸材といわれた祖父の慶久が長生きしていれば、父の立場ももう少し変わったかたちになっていただろう。

また、戦争、それにつづく過酷な財産税といったことも、予期せぬことだったに違いない。勤めをしながら、悠々と好きな中国のことでも研究していこうとしていた父の将来設計は、思いがけないかたちでねじ曲がっていった。

第六天町の広大な屋敷で、大勢の使用人に囲まれて育った父にとっては、途方に暮れるような後半生だったはずである。もしも、わたしが父と同じ目にあったら、たまらないなと思う。

だが、父はそうしたことで愚痴をこぼすようなことはなかった。少なくとも、本気の愚痴は、わたしは一度も聞いていない。

おそらく父は、どこかで諦めてしまったのではないだろうか。

こうした人生の出来事を、達観してしまっていたのではないか。

かつての公爵だとか、徳川慶喜家の人間だとか、そういうものに対する見栄などはまったくもっていなかった。

そんな父の晩年の心境は、慶喜の晩年とも近かったような気がする。

そして、そういう諦念に似た気分というのは、いまのわたしの代まで、伝染でもしたかのように、伝わってきているように思えてならないのである。

公爵夫人が生き抜いた昭和

●父との縁

わたしの母・徳川和子は、大正六（一九一七）年生まれだった。平成十五年に八十五歳で亡くなった。

晩年まで健康に恵まれ、都内のマンションに住んで、たまにタクシーで都心のデパート回りをするのが楽しみという毎日を送っていた。

この母は、会津松平家に生まれた。幕末期に京都守護職を務め、鶴ヶ城落城などでも知られる悲劇の藩主・松平容保《まつだいらかたもり》の孫にあたる。この会津松平家からも皇室に嫁いでいて、秩父宮妃殿下は母の従姉妹にあたる。

徳川家からは高松宮家に、松平家からは秩父宮家にというように、戊辰戦争のときの朝敵から皇室に嫁が入ったのは、母に聞くと、かつての怨念を水に流すといった思惑もあったということらしい。

事実、母の親戚からは、長州の毛利家へお嫁にいった人もいるということである。

だが、歴史にくわしい人からすると、徳川慶喜の孫と、松平容保の孫が結婚するということに、ある種の感慨を覚えたりもするらしい。

というのも、松平容保は慶喜のために激動の渦のなかに引っ張りこまれ、官軍の目の敵にされたといった側面もあるからである。

しかし、父母の頃にはもう、そんな過去の確執などは気にしていなかっただろう。母の実家も、喜んで徳川慶喜家に母を嫁に出したそうである。

「それは慶喜公と容保公とのあいだに意見の食い違いなどもあったでしょう。慶喜公というのはむしろ政治家でした。一方の容保公は、慶喜公が『容保はまことの武士であった』と語っていたほどでしたから。

しかし、松平家には家訓として、どんなことがあっても将軍には従うとされていましたからね」

とは、母の弁である。

そもそもわたしの母は、第六天町の徳川慶喜家のすぐ近くで生まれ育っていた。会津松平家といっても、母方の祖父はすでに東京に出て来ていたのである。

徳川慶喜家は、第六天町五十一番地であり、母の実家の松平家は谷をひとつはさんだ第六天町八番地にあった。母の実家から、徳川慶喜家の庭が見えたほどだったそうだ。

だから、父の姉である高松宮喜久子妃殿下とは、以前からよくお会いしていたほどだったという。

そんな父と母の縁をとりもったのは、叔父でもあり、父の後見人ともなっていた池田仲博侯爵だったという。また、この池田侯爵は、母方の祖父と学習院で同級生といった関係でもあった。

そんなことから、当時、原宿にあった池田家の屋敷で、見合いをした。ちょうど、現在の東郷神社があるあたりだったそうだ。

そして、父が帝大を出て、宮内省に勤め出してすぐの昭和十三（一九三八）年十月、父と母は結婚したのである。

父は二十五歳、母は二十一歳であった。

二人の結婚を報じた当時の報知新聞の記事が残っている。

それには、母の写真が、父の写真よりも大きく掲載され、しかも「和子姫」とあるではないか。時代をしのばせる。

昭和十三年というと、七月には盧溝橋事件が起こり、日本が日中戦争へと踏み出していった年である。

だが、日本国内はまだまだ平和であり、母の記憶では、

「どこか遠くで戦争をしている」

という感じだったという。

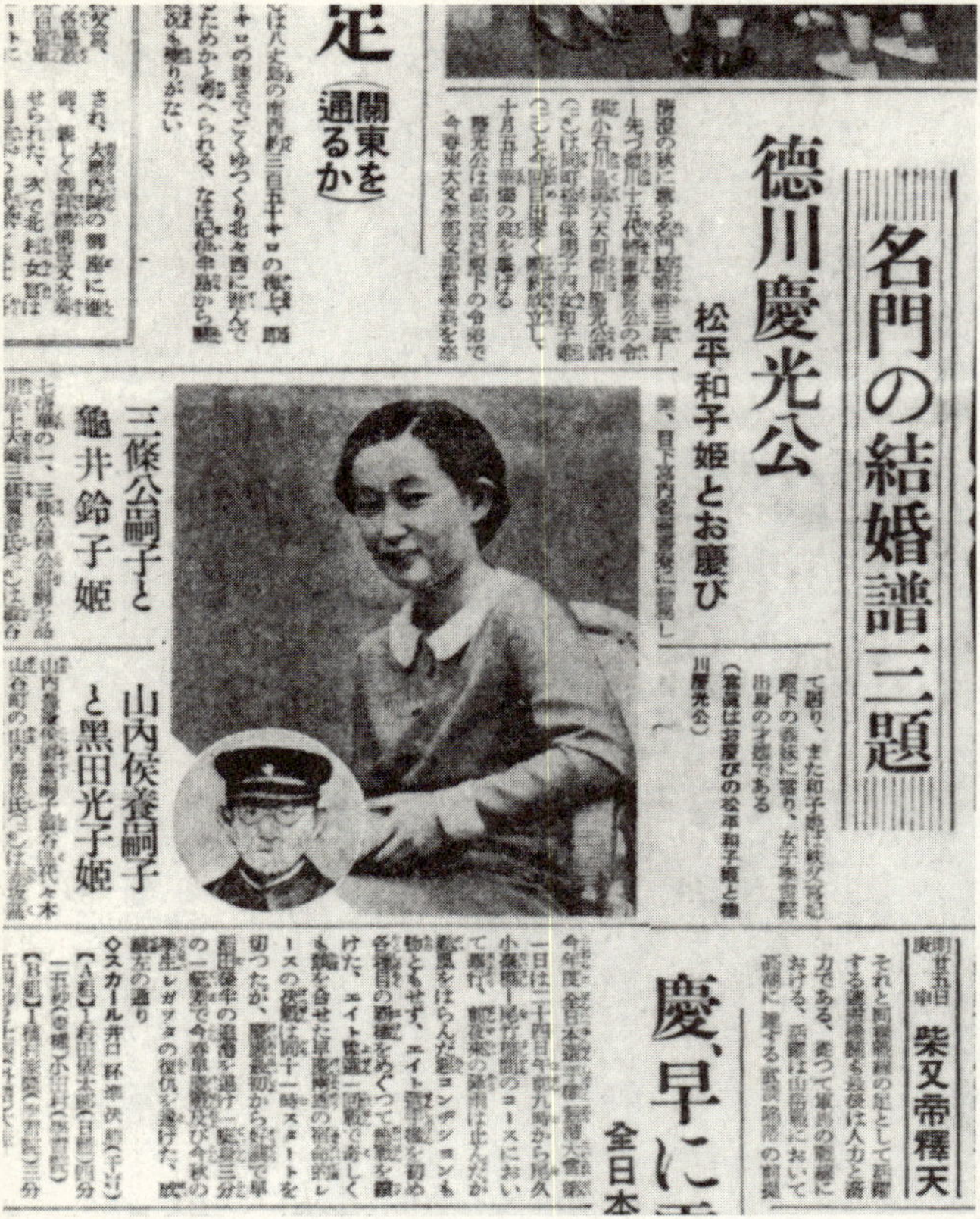

名門の結婚譜三題

徳川慶光公

松平和子姫とお慶び

（写真はお慶びの松平和子姫と徳川慶光公）

三條公嗣子と亀井鈴子姫

山内侯養嗣子と黒田光子姫

関東を通るか

慶、早に

柴又帝釈天

▲父・慶光と母・和子の結婚を報じた記事。「徳川十五代将軍慶喜公の令孫徳川慶光公爵は、松平保男四女和子姫と目出度く婚約成立し、華燭の典を挙げる」とある。（昭和13年９月25日付の報知新聞）

●第六天町での新婚生活

母は結婚するとすぐ、第六天町の徳川慶喜家の屋敷で新婚生活に入った。

ところが、まだ若いうえに、お転婆だったのだろう、お嫁にきてからも、第六天の屋敷内の廊下で、当時流行していたローラースケートなどをして遊んだりしたという。これには、当時、屋敷にいた老女（教育係のような女性）から手ひどく叱られたこともあったそうだ。

「あの頃は遊びたい盛りだったから、お嫁にきても、徳川家の妹たちといっしょになって遊んでいたものですよ」

と母は語っていた。

母によれば、高松宮妃殿下の喜久子様もいっしょだったし、木登りや、二階から屋根に上がって遊んだりもしていたというのだが、しかしこれはもう少し前の話とごっちゃになっているのかもしれない。

いくらなんでも、新妻が木登りをして遊ぶということはないだろう。

松平家から徳川家に嫁にきても、とくに戸惑うということはなかったらしい。皇室ならともかく、どちらも武家の流れであり、暮らしぶりにも似通ったところがあったためだろう。

わたしはそのあたりはよく知らないのだが、華族といってもその実質は、公家華族、

▲第六天の屋敷。徳川慶喜家一族は明治34年末に東京小石川小日向の第六天町に移り住み、第２次大戦の終戦後までこの屋敷で暮らした。3000坪の敷地に平屋（一部２階建て）の屋敷があった。（撮影：徳川慶喜）

新華族、大名華族に大別され、暮らしぶりなどはずいぶん異なるものだったらしい。

このあたりは、母の言葉に耳を傾けたほうがいいだろう。

「徳川家も松平家も、基本は質実剛健な家風でした。それは、たとえば、子どもよりも家来のほうを大事にするといったところです。

子どもには冷たいと言われたのですが、それはいざというときにいくさの前線に出したくない気持ちにならないように、というあたりからきているのでしょうね。

行儀作法についても、たいへん厳しかったですよ。肘などついたりしていたら、パシンと叩かれたりしたものです。

食べ物については、まずいなどと言ったりしたら、怒られたものでしたよ」

わたしには、食べ物についてとやかく言うところがあり、そこが母にすれば、武家の者らしくないと言いたい気持ちもあるのだろう。

だが、そういう母にしても、戦後になるまで、台所に立ったことは一度もなかったというのである。

「いまでも言われるけれど、やっぱり世間知らずだったのね。

学習院ではお料理とかも習ったのよ。でも、フランス料理とか、日本食でも本式のものばかりで、ご飯の炊き方とか、漬物の漬け方といったことは習わないのね。

子どものときも、徳川家に入ってからも、食事のしたくなどはすべて使用人がしてくれていたので、自分で料理をすることはありませんでした。

松平の家には、十人くらいの使用人がいたし、徳川家には少なくなっていたとはいえ、二十人ほどの使用人がいました。

そのなかにはコックさんたちもいましたから、台所になど行くと、かえって迷惑だったのですよ。

でも、コックさんがいるといっても、ふだんはそんなに贅沢な食事をしていたわけではないの。一汁二菜くらいなもの。でも、出てくるものには、いい素材を使っていました。覚えている料理ではそうねえ、シギのローストはとてもおいしかったわね。

あと、お客様がみえたときは、外から料理をとってました。上野の精養軒《せいようけん》とか、芝の錦水《きんすい》とか、あと松平の家では赤坂の維新號《いしんごう》をよく利用していましたね。

お正月などもそれほど豪華に祝ったということはありませんが、でも徳川家には静岡から三河万歳の人が来たりして、にぎやかでした。あれは、子どもの時分はよくわからなかったけど、面白いことを掛け合いで話していたようですよ。

お供え餅などは、徳川家と松平家では違っていました。

会津松平家のお供え餅は、具足飾りといって、全体がよろいかぶとに見立ててあるの。紅白の三段重ねになっていて、上には菱形の餅にエビやごんだわらで上手にかぶとのかたちをつくっていました。

逆に、徳川家のお供え餅のほうがごくふつうのもので、三方に水引や長熨斗《ながのし》が飾ってありました。

ただ、戦争中になると、餅さえ手に入らなくなり、門松などもやめてしまいましたね。

使用人の数が多いというのもたいへんなのですよ。

上から家令、家扶、家従、さらに運転手や植木職人、大工などと上下関係があって、それが皆、敷地内の長屋に住んでいました。

それから警備の人もいました。こういう人は請願巡査といって警察を定年で辞めた人でしたが、夜にはシェパードを二匹もつれて、見回りをしていたものです。

そうした人たちは、数が多いと、二派に分かれたりすることもあるんです。だいたい自分の主人の味方になるのですが。そういう派閥争いなども含めて、いっさいを取り仕切っていたのが、老女と呼ばれた人でした。

松平の女中さんたちは、たいがい会津から出て来ていましたね。いったん東京に出て来てしまうと、田舎に帰るのは嫌になってしまったみたいね。『田舎に行くと、電気が暗くて嫌だ』と言っていました。

学習院に通っている頃、先生方からはよく、『あなたたちは特別に恵まれているのだ。使用人はあなたたちが雇っているのではなく、親が雇っているのだから、そのあたりを誤解しないように』などと、よくさとされたものでした。

女子学習院は、青山にあって、わたしは小石川から飯田橋で乗り換え、さらに赤坂見附でまた乗り換えて、二つ電車を乗り継いで通っていました。四十五分くらいはかかったでしょうね。人力車で行ったこともありましたよ。

いま考えると、ほんとうに嘘のような暮らしで、でも当時は何の疑問ももたなかったのね。だから、戦後のだいぶんあとになって、『橋のない川』などを読み、農家が娘を売るなどといったことも初めて知って、愕然としたものでした」

そんな世間知らずの母にも、やがて戦争の影が忍び寄ってきた。

●公爵夫人の戦後

前述したように、父は昭和十五（一九四〇）年と十六（一九四一）年に召集されたが、どちらも戦地には行かずにすんでいた。

だが、昭和十九（一九四四）年二月には、ついに中国へ出征する。

昭和十七（一九四二）年と十九（一九四四）年には、わたしの姉たちが生まれていた。

戦争中は、華族の夫人といえども、おっとり構えているわけにはいかなかった。母は、「篤志看護婦人会」だの「大日本国防婦人会」などといった奉仕の仕事に駆り出され、日赤病院で包帯巻きをしたり、印刷所に激励に行ったり、炊き出しに協力したりといったことに奔走していた。

やがて、東京でも空襲がひどくなってきたため、母は幼い二人の姉をつれて、軽井沢の別荘へ疎開することになる。

ところが、ここは夏用の別荘なので、冬は枕元の水も凍ってしまうほどだった。

このため、前にも書いた静岡県興津《おきつ》の坐漁荘に移った。当時、高松宮家の別邸だったものを拝借した。ちなみに、この坐漁荘は、現在は明治村に保存されている。

だが、やがてアメリカ軍が本土にも迫ってきて、静岡あたりでも艦砲射撃が始まった。そこで、もう一度、軽井沢へと疎開する。

この頃はもう、鉄道も寸断されている状態だったらしく、身延《みのぶ》線から小海《こうみ》線を経て、ようやく軽井沢にたどりついたという。

終戦はここ軽井沢で迎えることになった。

その後は、父の項でも触れたように、戦前とはまったく変わった暮らしを始めることになるのである。

静岡に移り住んで、母は初めて自分で台所に立ち、家族の食事の世話をした。

また、畑もつくり、ニワトリを飼育した。

食糧難の時代である。娘が小さいので、牛乳を入手しなければならなかったが、それもなかなか手に入らない。

闇米を買うため、近所の農家を訪ねたりもした。こんなときは着物と交換してもらうのだが、母が持っていたのは絹などのなまじ高価なものだったので、農家では交換の対象にはならなかったという。

屋敷のコックに三度の食事をつくってもらい、廊下でローラースケートをしていた頃には、想像すらできなかった暮らしである。

だが、母は、

「若かったから、つらいと思ったことはないわね」

と語っていた。

「だいたい、わたしは昔から、労働は厭《いと》わなかった。ただ、世間知らずのまま育ったところがあるから、娘が大きくなってから、『また、野菜を腐らせている』と叱られたりしたこともあったわね。

財産税のことなどでもずいぶん厳しいことになったのだけど、わたしはお金のことはよくわからなかったのよ」

そうは言っていたが、当時の不安な気持ちというのは、やはり並たいていのものではなかったはずである。

この母も、父よりもなお、昔のことを話したりすることはほとんどなかった。わたしがこの本を書くにあたって、初めて聞いた話も少なくなかったくらいである。

母は、わたしのことも、

「絶対に殿さまとか若さまにはならないようにしつけたつもり」

と言っていた。これからの世の中は、そんな悠長なことでは生きていけなくなるという見通しもあったらしい。

そのあたりにも、母が味わった失意や悲哀をうかがうことができるような気がする。

戦後五十年を経て、かつての華族の生活を知っている人たちもずいぶんと少なくなってきたらしい。

その華族のなかでも、筆頭の位置にあったきみ公爵（あるいはハムの公爵。もうひとつは、そうろう侯爵と呼んで区別するらしいが）は、もともと数が少なかったため、母はきわめて珍しい「公爵夫人」となってしまったのである。

徳川慶喜家の住宅事情

●東京にある慶喜ゆかりの地

数年前から、わたしは徳川慶喜にゆかりのある場所を訪ね、写真におさめておきたいと思うようになった。

若い頃は、そんなことは思ってもみなかったのだが、四十代も後半になってから、何だかそんな気が起きてきたのである。

歳をとると、歴史に興味をもつようになる。そんな心境なのかもしれない。

江戸城で育ち、江戸城で亡くなった将軍もいるが、十五代将軍慶喜は、そんな悠長な人生ではなかった。とくに前半生は、時代の激動を駆け抜けた凄まじい人生だった。

このため、ゆかりの地というのもきわめて数が多い。それらのすべてを撮影するというのはなかなかたいへんで、もしかしたらわたしの仕事のなかでも、ライフワークのひとつになるかもしれない。

慶喜の生涯をうしろから眺めるかたちになるが、まずは東京にあるゆかりの地を紹介していこう。

東京の巣鴨駅前。

ＪＲ巣鴨駅を出て、白山通りを前に見た、左斜め向かいの一画。慶喜はこの地に屋敷を建て、明治三十（一八九七）年十一月十九日から、明治三十四（一九〇一）年十二月二十四日までのおよそ四年間を過ごした。

ちょうどこの頃の、明治三十一（一八九八）年三月二日に、慶喜は皇居に参内し、明治天皇と初めて顔を合わせた。

一時は徳川幕府を滅ぼした男という汚名まできせられていた慶喜だが、ようやく、慶喜が戦争を回避し、政権を返上したために、日本は目茶苦茶になることなく、新政府が誕生したのだと考える人も多くなっていた。

慶喜の汚名が返上されてきたのである。

なお、慶喜と会った明治天皇が、その直後に、伊藤博文に向かってこう語ったという。

「今日、やっと罪ほろぼしができた。なにしろ、慶喜がもっていた天下を取ったのだからな。慶喜も、酒盛りをしながら、『お互いに浮世のことで仕方がない』と言って帰った」

これぞ、歴史的名場面ではないか。

ところで、この慶喜の屋敷があった場所だが、その面影は跡形もない。

きれいさっぱり、なにもない。日本中どこにでもある商店街や飲食店、貸ビル、マンションなどがあるだけで、案内板もない。

この屋敷を慶喜が写した写真が数枚残っている。背後に森を背負い、前庭は広い芝生地になっていたようだ。武家屋敷の雰囲気も漂う屋敷だった。この写真と、いまの町の様子を比べても、同じ場所とはとうてい思えない。

なんとか写真におさめようと思っても、ここだけはどうにも撮りようがないというのが実感である。

●第六天町の屋敷

そして、次に移り住んだのが、昭和の終戦後まで徳川慶喜の一族が住みつづけた小《こ》日向《びなた》の第六天町の屋敷である。

この屋敷は、徳川慶喜家の末裔《まつえい》にとっても、もっとも思い出深い屋敷だろう。慶喜がここで亡くなり、慶久が住み、父の姉である高松宮妃殿下がここで育ち、そしてわたしの両親もここに新所帯をもった屋敷である。

やはりここで育った叔母の榊原喜佐子が、平成八（一九九六）年に『徳川慶喜家の子ども部屋』という本を出版したが、その本でも、この屋敷のなかの暮らしがくわしくつづられている。

じつは、この屋敷のことを思い出すという人から、

「あそこの図面はないものだろうか」

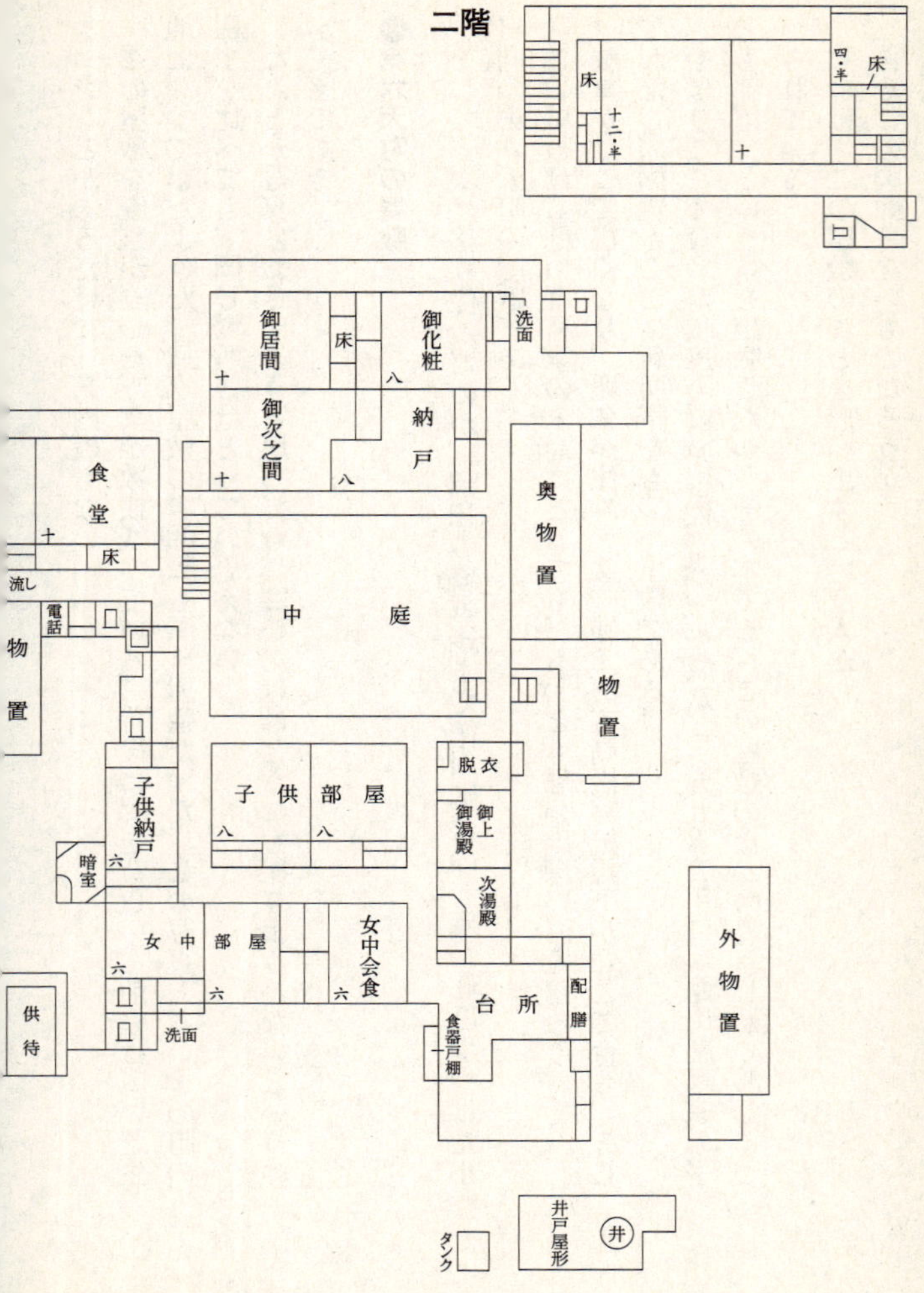
二階
床
十二・半
四・半
床
御居間
床
御化粧
洗面
御次之間
納戸
食堂
床
流し
電話
物置
奥物置
中庭
物置
子供納戸
子供部屋
暗室
脱衣
御上御湯殿
次湯殿
女中部屋
女中会食
台所
配膳
食器戸棚
洗面
供待
外物置
井戸屋形
井
タンク

小日向第六天屋敷の見取図

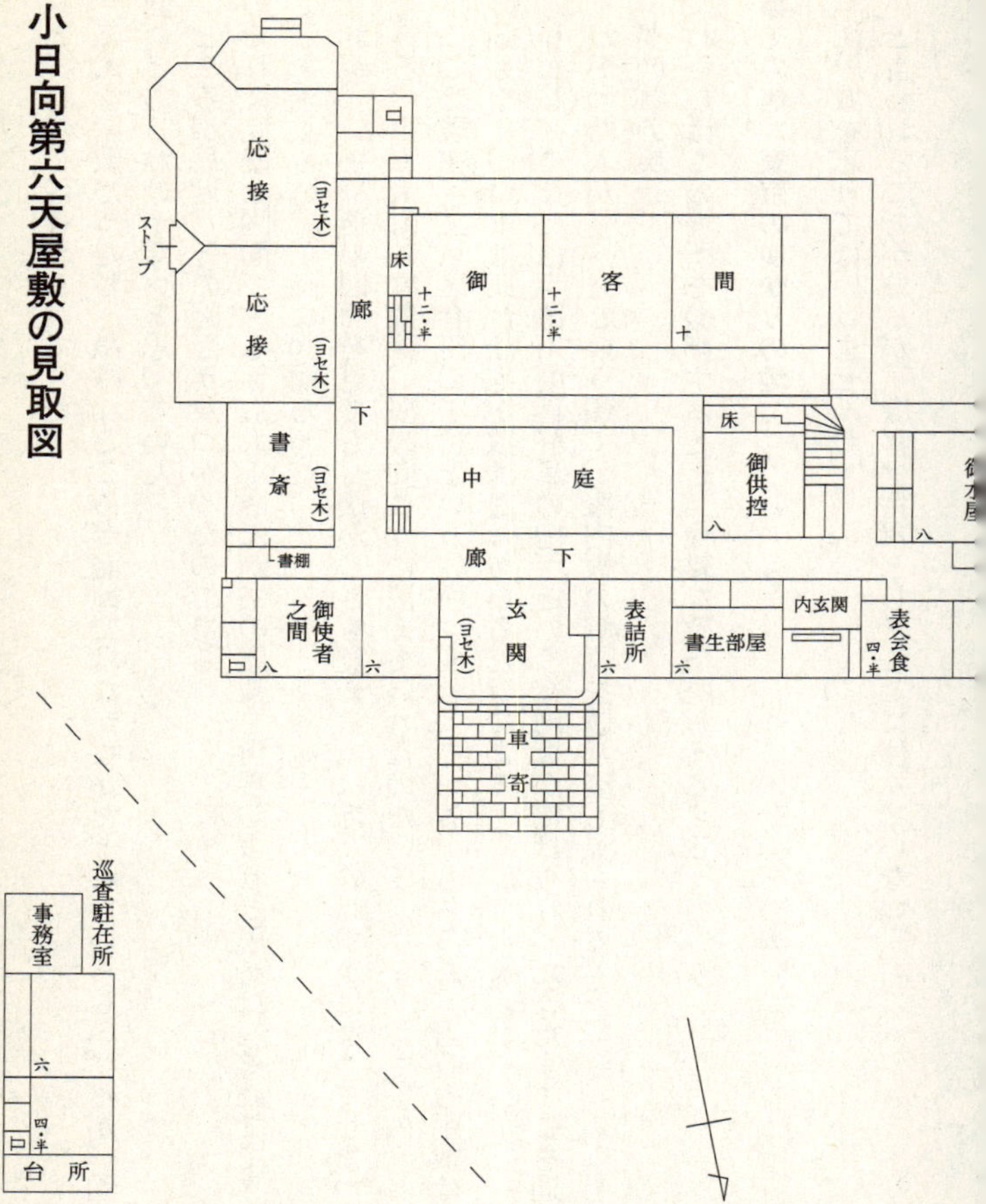

と、しばしば尋ねられてきた。

広大な屋敷だったし、微妙なところが記憶ではなかなかたどれないらしい。だが、図面などあるわけがないと思っていた。

ところが最近、その図面が見つかったのである。

それは完璧な図面で、もしも大工さんがあの屋敷を再現しようと思えば、それでできてしまうくらい、正確な図面だった。

だが、いまやその図面を見ても、懐かしさを覚える人はほんのわずかになってしまっている。第六天町の屋敷は、夢の向こうに消えていったのだ。

ここは現在、文京区春日二丁目という住所に変わっている。もちろん、当時の屋敷は跡形もなく、いまは集合住宅が数棟建っているだけである。

しかし、ここには「徳川慶喜終焉の地」という案内板が掲げられ、たまたまここを通りかかった人が、へえという顔で、案内板の解説を読む姿も見られる。

夢の跡の風景。

わたしはこの場所を撮影するとき、複雑な感慨を覚える……。

●その他、東京のゆかりの地

「江戸城を忘れてはいけませんね」

と言われることがあるが、慶喜は将軍としてここに住んでいない。

慶喜は激動時には京都へ行きっぱなしになり、将軍になったのも京都、大政奉還をして将軍職から降りたのも京都。

江戸城に戻って来たのは、鳥羽伏見の戦いが終わったあとで、それからわずかひと月ほどしかここにいなかった。

つづいて慶喜は、官軍に恭順の姿勢を示し、上野大慈院に入り、ここでふた月ほど謹慎した。慶喜が入った部屋の実物はすでに壊されているのだが、いまは寛永寺の中に葵の間として再現されている。

今度はぐっと時代をさかのぼるが、慶喜が生まれたのは小石川の水戸邸である。ここも当時の屋敷はないが、東京ドームの隣にある後楽園に、往時の面影をしのぶことができる。

もうひとつ、東京で重要な場所は、一橋邸だろう。慶喜は一橋家に入り、将軍後見職に就くまで、およそ十五年間、ここに住んだ。ここでは、井伊直弼《いいなおすけ》の安政《あんせい》の大獄《たいごく》に連座して、隠居謹慎を命じられたりした。

だが、この一橋邸もまた、いまは跡形もない。

こうやって、曾祖父の足取りを見ていくと、東京のあまりの変貌ぶりに愕然とさせられる。別に曾祖父のゆかりの地が失われる悔しさだけで言うのではないが、いくらなんでも東京の変貌はひどすぎるのではないだろうか。

●京都、大阪

京都に行った慶喜が住居としたのは、御池《おいけ》通りにあった小浜藩邸（若州《じゃくしゅう》屋敷）である。

ここでのおよそ四年間は、慶喜がもっとも忙しく、また時代がもっとも激動した頃だろう。そこらあたりのどさくさぶりは、わたしの書けるところではないので、テレビドラマや映画を見ていただくなり、歴史小説でも読んでもらったほうがいいだろう。

ただ、この屋敷もいまは跡形もない。

慶喜ゆかりの地として、当時の面影をよくとどめているのは、やはり二条城だろう。ここの写真を発見したことはすでに述べたが、かつて松戸の戸定歴史館で、この二条城の写真と、それに黒書院障壁画を借りて、同時に公開しようという展示会を企画したことがあった。

そのときわたしは、学芸員の斉藤洋一さんといっしょに、この二条城を久しぶりに訪れた。

じつに修学旅行以来である。

ところが、以前、来たときの記憶がまるでないのにはあきれてしまった。

慶喜にとってもきわめてゆかりのある場所だから、引率の先生がなにか教えてくれたりもしたのだろうか。だが、こちらは遊びたい盛りの歳だから、聞く耳をもたなかったのかもしれない。

自分の家に関係する場所ですらこのありさまなのだから、中高生あたりに修学旅行で歴史的な建造物を見せたりしても、ほとんど頭には残らないだろう。

さて、久しぶりに二条城を訪ねたわたしだが、とくに役目を負っていたわけではない。ちょうど暇な時期だったので、遊びがてら斉藤さんのお供をしただけである。

斉藤さんが、黒書院の襖絵《ふすまえ》を借りる相談をしていたときも、わたしはわきでぼんやりしているばかりだった。

ところが、わたしの存在もまったく無意味ではなかったようなのである。

「慶朝さん、貸してくれることになりましたよ」

「それはよかったねえ」

「重要文化財ですよ。しかも、京都でさえ公開しなかったものですよ。それを、松戸に貸してくれることになったのだから凄いですよ。慶朝さんがいてくれたことも大きかったのでしょうね」

「え、わたしが？」

わたしが徳川慶喜の曾孫にあたることは説明していて、その曾孫もいっしょに頼みに来たので、二条城のほうでも決断してくれたのだろうというのである。

それはどうかわからないが、暇つぶしに同行したのが、なにかの役に立ったと言われるのは嬉しいことであった。

それはさておき、二条城はやはり、慶喜をしのぶ場所として重要だし、しかも当時の面影も残っているので、撮影の対象としても大事なポイントとなった。

もうひとつは大坂城である。慶喜はここから、家臣たちを裏切るかたちで、江戸に脱出してきた。

だが、現在の大坂城はもちろん、幕末時のそれとはまるで違う。このように、中途半端に残っている場所というのも、写真の対象としては、難しいこともある。

●水戸

水戸ではいま、NHK大河ドラマ『徳川慶喜』が放映されたおり、さまざまなイベントが企画された。わたしのところにも、なにか協力してくれという依頼がときおり舞いこむようになっていた。

だが、水戸の人たちに水をさすつもりはなかったが、慶喜が水戸にいた期間はそれほど長くはない。二歳から十一歳までの幼年期と、謹慎していた明治元（一八六八）年のおよそ三カ月間だけである。

幼年期には水戸城に住み、明治元年のときは現存している弘道館に入った。

水戸城が昔のままに残っていたら、慶喜の少年時代の面白いエピソードも、現地を見ながら味わえたことだろう。

慶喜は、後年の表情などからは想像しにくいが、かなり腕白な少年だった。だが、烈

▲水戸・弘道館。慶喜は幼年期、父である水戸藩主徳川斉昭の監督下、ここで儒学や武術を習い、明治元年４月から７月までここに謹慎した。(撮影：徳川慶朝)

公の教育は厳しく、『昔夢会筆記』では、その頃の毎日のスケジュールを思い出して語っている。

それによると、朝食の前に四書五経を読んだりし、朝食後から十時くらいまでは習字、その後、烈公が設立した弘道館で講義を聞いたり、武道の修行に励む。昼食後も武芸の修行をし、夜は夜で、朝の復習をする。

一日のうちで、遊ぶ時間などほとんどないのである。

では、慶喜はこうしたスケジュールを文句も言わずにこなしていたかというと、それがそうでもない。

読書や勉強が大嫌いで、やれと言われても、なかなかやらなかったらしいから、このスケジュールはいちおうの予定だったのだろう。お灸をすえると言われてもやらなかった話は前にも書いたが、家臣からそんな話を聞いた烈公は怒り、

「座敷牢をつくって押しこめ。食事も与えるでない」

と命じた。

そこで家臣が座敷牢をつくり、そこに入れようとすると、これにはさすがに懲りて、その後は読書に励むようになったという。

こういうエピソードも、実際の場所があればもっと印象も深まるのだが、残念ながら旧水戸城は、水戸第一高等学校近くに薬医門が残っているだけである。

●静岡のゆかりの地

三十三歳のときに歴史の表舞台から消えた慶喜は、六十一歳までのほぼ三十年間を静岡で過ごした。

「慶喜の前半生は他人によってつくられた」

と書いていたのは、『聞き書き徳川慶喜残照』の遠藤幸威氏だが、この静岡での三十年間は、屈託した思いはあったにせよ、日常的には自分のしたいことに没頭することのできた三十年間だったはずである。

そのうちの初期の十年間を過ごしたのは、静岡駅前の紺屋《こんや》町元代官屋敷だった。ここは現在、浮月楼《ふげつろう》という料亭になっている。立派な日本庭園もあるので、当時のままに残っていると勘違いする人もいるが、じつは大幅に改築されたもので、当時の面影はまったくないらしい。

さらに明治二十一（一八八八）年、慶喜は西深草《にしふかくさ》に住まいを移した。五十二歳のときだ。

明治三十（一八九七）年に東京に移るまでのおよそ十年間、慶喜はこの地に住んだのだが、ここもいまでは、その当時の面影はまったくといっていいほどうかがえない。現在は公園や住宅地になっていて、案内してくれた七十歳の人がまだ子どもだった頃は、屋敷の建物がわずかに残っていたという。

公園のすみには、けやきの大木も繁っている。その大きさから察すると、慶喜がここにいた当時もここにあったかと思われる。

それにしても、慶喜がかつて住んだという案内板のひとつもないというのは、末裔からすれば多少、寂しいことである。

●牧ノ原の茶畑

静岡へ行くと、わたしがかならずお会いするのは、薄根《うすね》貞雄《さだお》さんという人である。西深草公園を案内してくれたというのも、この薄根さんだ。

薄根さんは、「牧之原《まきのはら》開拓幕臣子孫之会」という会の幹事長をされている方で、かつての旗本の子孫の集まりである柳営会のほうにも参加している。

慶喜が謹慎すると、徳川の宗家は田安家から養子に入った家達《いえさと》が相続した。この徳川家はあらたに駿河遠江に七十万石をたまわり、慶喜もこの家達とともに静岡へ来たわけである。

慶喜と同時に、かつての旗本たちの一部も、どっと静岡へやって来る。

だが、いきなり七十万石になったのだから、旗本たちも昔のような知行《ちぎよう》をもらえるわけがない。そこで、幕臣のうちのおよそ二百名ほどが、牧ノ原の台地に茶畑を開墾しようとしたのである。

ところが、この茶畑の開墾は想像を絶するほどの厳しさだった。薄根さんによれば、江戸時代に石高《こくだか》の高かった順に、開墾が楽な土地を与えられたという。つまり、上から順に、土地の低いほうを取り、段々に台地の上にのぼっていった。

上がなぜたいへんかというと、水を運び上げなければならない。牧ノ原の台地に立って、下を流れる大井川を見下ろすと、景色こそ素晴らしいが、この人たちの苦労がどれほどのものだったかが実感できる。

薄根さんたちの会は、こうした先祖の苦労をしのび、そうやって世界に誇り得る茶畑をつくり上げた努力を讃えようというものである。

なお、慶喜は静岡にいるあいだ、この茶畑を訪れたことは一度もない。

それどころか、明日は撮影、今日は自転車乗りと、興味のおもむくままに出歩く慶喜の姿を見るたび、元幕臣たちは、

「貴人、情を知らず」

とつぶやいたという。

つらい話である。

薄根さんは、そういうことで、わたしに恨みを言ったりすることはもちろんない。

「昔だったら、とてもこんなふうに話ができるわけはないけど、こういう時代ですから、友だちみたいな口をきかせてもらってますよ」

などと言って、息子のような歳のわたしに、いろいろと案内してくれたりする。

古武士のような風格をもつ薄根さんだが、数年前に新聞記者をしていた息子さんを、

◀静岡市紺屋町。慶喜が静岡在住の初期の10年間を過ごした地には「徳川慶喜公屋敷跡」という石碑が残っている。
（撮影：徳川慶朝）

▼静岡県牧ノ原の茶畑。明治以降、静岡に移り住んだ徳川家の幕臣のうち200名ほどが、苦労の末に牧ノ原の台地に茶畑を開墾した。今も見事な茶畑が広がる。（撮影：徳川慶朝）

突然の病気で亡くされ、ちょっと気が弱くなったようだ。

元気を取り戻し、後世の人たちに、牧ノ原の開墾の苦労や、郷土史の面白さを伝えつづけてもらいたい。

●その後の一族の住まい

慶喜は東京小日向の第六天町の屋敷で、その数奇な生涯を終えたが、あとを継いだ徳川慶久公爵からわたしの父の慶光の代まで、そのまま屋敷に住みつづけた。

だが、前に記したように、第六天町の屋敷は財産税のために物納してしまった。

その後、わが家は静岡へ移り、坐漁荘を経て、静岡郊外の瀬名に移った。ここは、慶喜がしばしば猟などにもやって来ていたところだが、別にゆかりの地だからといって移り住んだわけではないらしい。当時は田んぼのなかの一軒家で、母が初めて台所に立ったというのも、この家である。

わたしは、昭和二十五（一九五〇）年二月一日に、この瀬名で生まれた。

だが、生後一、二カ月して、父の都合でわたしは母につれられ、姉ふたりとともに東京へ移った。

だから、瀬名の記憶は皆無である。薄根さんによれば、まだ家は残っていて、当時の面影もうかがえるという。

東京に出て来たわたしの家族は、港区高輪に借家住まいをした。

やがて、わたしは一時は鎌倉に住んだこともあったが、その後、東京都町田市に新しく二世帯住宅を建てて移った。

町田を選んだのは、慶喜にはなにも関係がない。都心よりも土地が安いというただそれだけのためで、住まいだって、ごくふつうの建物だった。第六天町の屋敷のイメージなどもたれたら、笑ってしまうようなものだ。

かつては祖父が軽井沢に別荘を買い、ゴルフ倶楽部の発起人になったりもしたらしいが、その別荘もすでに人手に渡っていた。

慶喜も第六天町の屋敷も、遠い過去になっていた。

父・慶光はこの町田の家で亡くなっている。

そして、いまは都心のマンション住まいである。

徳川慶朝流教育のススメ

●学校経営の夢

学校経営をしてみたい――というのが、昔から夢だった。

とくに、わたしに教育者としての才能があると思っているわけではない。

なぜだろうか。

自分が受けてきた教育に、よほど恨みでもあるのだろうか。

わたしは、小学校から高校まで、一貫教育をおこなっている都内のM学園に通った。

わが家では、ふたりの姉も含めて、結局、姉弟全員が、M学園で学んでいる。

わたしは学校時代は、成績がよかったためしがない。あたりまえで、勉強はまったく好きになれなかった。

「でも、徳川慶喜も子どものときは勉強が嫌いで、逃げ回っていたというじゃないですか。慶朝さんも似ているんじゃないですか」

などと言ってくれる人もいるが、時代が違う。

勉強ができないと、どんどん落ちこぼれていき、現代社会に敷かれている立身出世のレールから飛び出してしまう。慶喜の頃は、そんな心配はなかった。

勉強は嫌いで、成績も悪かったが、M学園ではいい先生にめぐり会えた。あくせくせず、ゆったりした教育をほどこしてくれる学校でもあった。

大人になってから、ふと小学校のときに習ったことを思い出すことがある。それは、いい教育をしてくれた証拠でもあるだろう。

だから、別に学校教育に恨みがあって、その仕返しに自分の理想の学校をつくりたいというのではない。

「あまりにも厳しい家庭教育を受けたからですか？」

と、同情まじりに尋ねられた。

そんなことはない。これまでも書いたが、わたしの母のしつけは、たとえば、「人に迷惑をかけてはいけない」とか、「殿さまや若さまのつもりでいてはいけない」といった程度のものであった。

異論はあった。人に迷惑うんぬんについてである。

わたしは、他人に迷惑をかけないで、人生を送るなんてことは不可能だと思っている。完全に自己完結するような人生を送れるわけはない。どの道、迷惑をかけるのだが、それはやり方なのである。

まあ、そんな異論はあったけれど、とくに厳しいしつけなどは受けてこなかった。別に、徳川家には子孫が絶対に守るべき家訓がある——なんてこともない。

「あるじゃないですか。ほら、十何カ条だかに及ぶ、徳川家康の家訓が……」

例の「人の一生は重荷を負ってうんぬん」というやつのことだろう。

だが、わたしだってそれしか覚えていない。ただ、教育者的な発想は、血筋としてあるのかもしれない。

慶喜は、晩年、女中をつかまえては、

「これからは、外国語は必要だぞ。フランス語を教えてとらそう」

とよく言っていたらしい。

慶喜は他人からものを習うのは苦手だったが、他人に教えるほうは好きだったのかもしれない。

幕末に慶喜が考えた軍政改革は、驚くほど斬新なものだった。軍の編成は、藩には頼らずに、直属軍をつくろうとした。

しかも、時代遅れの刀槍部隊などはやめにして、砲兵を中心にしようとした。信長が戦国時代のいくさを一新させたが、それ以来の改革を夢想した。しかも、慶喜自身が、食事も兵と同じものにして前線に行くと宣言した。

慶喜は、将軍ではなく、教育者になったほうがよかったかもしれない。あんな時代に遭遇しなければ、むしろ教育制度の改革に力を入れていたかもしれない。

慶喜の血なのかどうか、それはわからないが、歳をとるにつれ、わたしの学校経営の夢はだんだんふくらんできている。

●わたしの理想の学校

しばらく前だが、山田洋次監督の映画『学校』には感動させられた。あんな素晴らしい映画をつくる監督と、ぜひ一度、酒をくみかわしてみたいと思っていたら、山田監督は酒を飲まないと聞いた。別に、機会があったわけでもないのに、がっかりしてしまったほどである。

だが、学校経営の夢はますます刺激された。

さて、わたしの理想の学校であるが——。

まず、人里離れたところに、豊かな敷地をもつ学校にしたい。無理矢理、人里を離れなくてもいいのだが、人の多く住むところでは土地の取得が夢物語になるだろう。

とすると、当然、寄宿舎制になってしまうだろう。

ここで、土地をフルに活用し、自給自足をおこないながら、勉強もする。この、自給自足が、わたしの夢の学校の特徴なのである。

わたしの知り合いの先生が、小学校でとうもろこしを育てさせ、それを食べるという指導をされている。

草花を育てるという授業はよくあるが、肝心なことは育てたものを自ら食べることではないだろうか。

食べるからには、安全でおいしいものをつくらなければならないし、どうやれば安全でおいしいものができるのかを考えるようになる。あるいは、どうやればおいしく調理できるかを考える。これをもっと教育にとり入れていく。

米もつくれば、野菜もつくる。小学生にそこまでは無理かもしれないが、農家の方に来てもらって、農作業の一部を体験させてもらえばいいだろう。中高生になったら、自給自足の比率を上げていく。

自給自足ができれば、寄宿料も安くできるだろう。

米をつくりながら、社会構造を教え、野菜をつくりながら、自然科学を教える。机上の学問にはならない。

ペーパーテストで満点を取ったくせに、田植えが満足にできなかったりする。子どもはそのことに疑問をもつだろう。

逆でもいい。

田植えは上手なのに、なぜ、ペーパーテストはできないのだろう。

要は疑問をもつこと。それを自分で解決していくこと。

「まるで、徳川家康の農本主義じゃないですか」

と言う人がいたが、そんなことはない。

町へ出て、実地研修のようなこともとり入れたい。ある子どもは、魚屋へ行き、そこで魚のさばき方や接客商売を覚える。頭でっかちにさせないのである。

別な子どもは、鍛冶屋に行き、鉄の鍛え方を覚える。身体で覚える。

この前、同窓会で、わたしの小学校時代の工作の先生と会った。いい先生だったが、ひとつ疑問があったので、改めて尋ねてみた。

「先生。どうして、あの頃、カンナのとぎ方を教えてくれなかったの?」

「あんな高度な技術、小学生に教えられるものか。カンナのとぎができるようになったら、大工になれたも同然だ」

という答えだった。

しかし、これは違うと思う。たしかにカンナをとぐのは高度な技術だが、小学生でもやってやれないことはない。

たとえできなくても、この世にはこれほど高度な技術があるということを、身をもって知るのが大事なのではないだろうか。

完璧にできるようになることを教えることだけが教育ではない。

結局、わたしの理想は職人を育てる教育なのだろうか……。

●自給自足の憧れ

自給自足の話が出たところで、食糧自給率について書いておきたい。これはわたしがふだんからもっとも気にかけていることのひとつなのだ。

現在、日本の米作では、一反（約千平方メートル、三百坪）当たりの収穫量は、八〜十俵（四百八十〜六百キログラム）が平均的なところだろう。それに対して、ひとりの日本人が年間に食べる穀物量は多く見積もっても百五十キログラムくらいだろう。とすると、ひとり当たり百坪もあれば、野菜をつくったり、さらにはそこから出るクズ米や雑穀でブタやニワトリを飼ったりもできるのである。

もっと有効的に使えば、あぜで大豆をつくり、ミソや醤油まで自給できるだろう。最近の農家は家畜を飼うのを嫌がる傾向にある。これは面倒だからだろう。だが、家畜のし尿は、田畑の肥料になるし、肉やタマゴも食べられる。夏から秋に仔ブタや鶏のヒナがかえるようにすれば、収穫の多い秋はエサも潤沢である。冬、田畑があいたところで家畜を育てるようにすれば、同じ土地でもムダなくつかえるはずだ。

これに山林が少しあればいうことはない。落葉で堆肥もとれるし、木を切って再度、植林しておけば、末代にわたって材木もつかえるだろう。

これらはあくまでも、わたしの机上の計算なのだが、決して不可能ではないはずだ。

わたしの知り合いの農家の方は、

「自分の家の田畑で自給自足できれば一人前だ」

とよく言っている。昔はそんな農家がほとんどだったのだろう。

自分の住む周辺でできる旬のものを食べるのが、健康にもいいはずである。わたし自身も、なんとか三百坪ほどを購入して、自給自足ができたらと切望している。

ただ、最近、米づくりに関して面白いことがあった。

茨城県に住む友人の鈴木誉志男氏が、一反歩（三百坪）の休耕田を借りて、無農薬の米をつくりはじめたのだ。しかも、収穫後はわたしに『献上米』としてプレゼントしてくれるのである。

田植えは昔ながらの五月下旬。あいがもを放して雑草を食べさせ、稲刈りもじっくり遅めにする。これを天日干しにするという、まさにわたしの憧れの農法である。

鈴木氏といっしょに米づくりをしている仲間も愉快な人たちである。他に仕事を持っているので「兼業農家」だと自称したら、本職の農家の人から「あなたたちのような人は兼業農家とはいわない」といわれ、「じゃあ第二種を上につければいい」ということになった。こうして鈴木氏の仲間たちには『徳川慶朝氏に献上米を差し上げるためのひたちなか第二種兼業農家組合』という長ったらしい名前がついてしまった。

稲刈りの手伝いにも行ったりしたが、収穫した米といっしょに、あいがももかも鍋にして食べてしまう。ところが、エサをあげていた人が、そのかもたちに名前をつけていたため、かわいそうやら、おいしいやらで、じつに楽しい体験をさせてもらったのである。

●コトナカレ主義を排したい

サラリーマンが多すぎる。

わたしだって、二十年間もサラリーマンをしていたから、大きなことは言えないが、あまりにもバラエティがなさすぎる。

世の中にはバラエティというものが必要ではないのか。

教えている先生もまた、サラリーマン。給料をもらうだけならいいが、根性までサラリーマンは困る。つまり、コトナカレ主義の横行。

「いい学校を出て、いい会社に入ろう」

それだけをめざす。

指定校制をとり、成績のいい学生を集めて会社運営をしたけれど、大失敗した企業はたくさんあるはずだ。

親の気持ちはわからないではない。将来にわたってお金の苦労もせず、世間体もいいところに入れてあげたいのだろう。

だが、この世にはもっといろいろな道がある。その、いろいろな道を教えるのが、教育ではないのか。

それに世の中、たいへんじゃない仕事などない。楽そうに見えても、どこかで苦労しなければならない。

江戸時代がよかったとは言わない。慶喜だって、江戸時代のトップでありながら、つらい目にあった。だが、教育ということでは、少なくともいまよりはバラエティがあった。

藩は、藩に役立つ人材をつくろうと、藩校をつくった。水戸の烈公がつくった弘道館もそのひとつである。こうした藩校に対して、市井には寺子屋があった。そこでの授業の内容は、それぞれの先生の裁量で決定できた。

渡辺崋山《わたなべかざん》が寺子屋のようすを描いた絵が残っている。先生は、崋山自身らしいが、生徒たちは腕白ざかり。いたずらをしたり、暴れたりしている。崋山先生は、それをどこ吹く風と、笑みを浮かべながら授業をつづけている。

いまだったら、生徒たちはずいぶん叱られることだろう。

でも、崋山先生は怒らないようだ。いい学校にいくための教育ではないからだろう。焦る必要がないから、無意味に生徒を縛らない。

寺子屋のような学校がもっと増えてもいいのではないか。

ユニークな学校もあった。

吉田松陰の松下村塾《しょうかそんじゅく》。ここから出た生徒たちが、徳川幕府を打ち倒した。

歴史をひっくり返すような人材を次々に輩出する学校なんて、いま、あるだろうか。

大阪の適塾《てきじゅく》では、生徒たちがふんどしもつけずに勉強をしていた。塾の主宰者の緒方《おがた》洪庵《こうあん》の奥さんは、イチモツもあらわに二階から下りて来た福沢諭吉に、目を丸くした。

いまだったら、まず身だしなみをただすよう注意するだろう。

コトナカレ主義からは、こういう学校は絶対に出てこないだろう。

松戸の戸定歴史館には、ときどき子どもたちがやって来て、歴史を教わっている。

斉藤さんはよく、

「子どもは怖いよ。質問が鋭くて」

と言う。

学校の先生たちは、そんな鋭い質問を受け止めているのだろうか。そこから、さまざまな可能性を見出しているのだろうか。

わきで聞いていたら、歴史館ではなかなかいいことを教えていた。

「きみたちは、向こうに立っている鉄筋コンクリートの建物のほうが長もちすると思っているでしょう。でも、あっちの建物の寿命はせいぜい数十年。でも、木造のこっちの建物は何百年ももつんです……」

そういうことを教えるのが歴史じゃないかと思いながら聞いていた。

机上で歴史を学ぶなら、こういう歴史館に来て学んだほうが面白いし、頭にしみこむに違いない。

わたしにお金と土地があったら、そんな学校をつくってみたい。

これはぼんやりしているときに、浮かぶ夢想のうちのひとつなのである。

将軍家のサラリーマン

●居心地満点のサラリーマン

小学校の上級学年の頃、わたしはいつも、

(早くサラリーマンになりたいなあ……)

と思っていた。

変な子どもだろうか。

だが、幼いわたしは、早く自分でお金を稼ぎ、それで好きなことをしてみたいと夢想していたのである。

つまりは、早くお金を稼ぎたいのが主眼で、別にサラリーマンでもなんでもよかったのだろう。サラリーマンしか思い浮かばなかっただけに違いない。

ところが、実際にそのサラリーマンになれる年頃になったら、

「ふつうのサラリーマンにはなりたくない」

などと思うようになった。

すでに写真家になりたいという夢をもっており、いきなり独立するのは無理にしても、なんとかそういう関係の仕事をしている会社に入りたかったのである。

そのうち、知人の紹介で、ホンダのカタログやポスターなどを制作している広告制作会社に入社できることになった。

わがままというか、夢が叶ったのである。

そこは六、七十人ほどの社員の、広告制作会社としたらまあまあ大きな会社だった。

わたしはここに、約二十年間勤めた。

サラリーマンといっても、広告制作会社のカメラマンとしての勤務だから、お堅い会社のサラリーマンよりは、だいぶ気楽だったかもしれない。

だいいち、わたしは仕事が面白かった。

「自分の仕事が面白いなんていうサラリーマンは珍しいんじゃないですか」

と言われたこともあるが、そうかもしれない。

入社して五年間ほどは、下積みの仕事ばかりだった。

撮影の手伝いをしたり、暗室に入りっぱなしだったり、撮影などはなかなか任してはもらえない。

それでも楽しかった。なにせ、好きな写真の仕事である。苦労はいとわない。

職業を選ぶなら、絶対に自分の好きなことを選ぶべきである。

給料のよさなどで会社を選んでも、そのうちいくらもらっても、合わない気分になってくる。それに、会社というものは、満足できる額の給料は、決して出してくれないところである。

撮影を任されるようになると、当然ながら、もっと楽しくなった。

出世などは、はなから望んでいなかった。給料も高くはないが、そんなものだろうと思っていた。

しかし、サラリーマンのくせに、会社は居心地がいいなどと思っていると、しっぺ返しがくるものなのだろうか。バブルがはじけかけた頃、会社の業績が思うように伸びなくなった。

かくしてわたしは、定年まで勤めてもいいと思っていた会社を辞めることになったのである。

●不安だらけの第二の人生

もともと積極的にサラリーマン生活をつづけたいと思っていたわけではない。写真家として独立したいという夢はもちろんもっていたが、フリーになるのは容易ではないとわかっていた。

ところが、写真しか知らない四十歳の男が、再び同じような待遇で仕事ができる会社に就職するのは難しい。

前々から社長からしきりに、

「徳川君、写真館をやったらいいと思うよ」

などと勧められていた。

社長が社員に商売を勧めるなどというのは、早く会社を辞めろと言ってるようなもので、これはずいぶん失礼な話である。

だが、社長はすっかりいいアイディアだと思ったらしく、ライオンズクラブなどを通して、何人かの人間を紹介してくれたりした。

そのくせ、事業資金を出してくれるわけではないのである。こっちが頼んでもいないのに転職を勧め、しかも人まで紹介してくれるなら、資金の提供まで面倒をみるのが当然だと思うが、そちらは、知らぬ顔。

つまりは、わたしが調子に乗って、写真館を経営し、失敗したとしても、社長にはなんの責任もないのである。

そんな無責任なアドバイスを、誰が聞くものだろうか。

しかも、写真館で撮る写真と、わたしがそれまでに撮ってきた写真とは、ずいぶん違うものなのである。

そのあたりを了解していたわたしは、自分の頑固な職人気質や何でも器用にこなしていくタイプではないことを考え合わせて、とても写真館の経営に踏み切る気持ちにはなれなかった。

じつは、以前からわが家に対して、いろんな人がさまざまな商売を勧めてきた。

知人のひとりは、

「タクシー会社をやってみたらどうだ」

と勧めてくれたし、

「お茶屋をやったらどうかい」

とアドバイスしてくれた人もいた。親戚筋にいたっては、

「トンカツ屋をやったらどうかね」

と勧めてくれた。

親戚筋のアドバイスのほうは、好意から出た言葉とはわかっているけれど、わたしの好みとはあまりにもかけ離れているし、わたしのキャリアとは何の関係もない。つまり、わたしは、タクシーもお茶もトンカツも、別に好きでも何でもないのである。

自分が好きなことをやって失敗するなら納得もいくが、好きでもないことをやって失敗したら、後悔するだけだろう。

そういうことを言っていたら、友人のひとりが、この人はわたしが田舎や自然が大好きだということを知っているので、

「ペンションでもやってみてはどうですか」

と勧めてくれた。

たしかにこちらはわたしの趣味の範囲ではあるが、客商売で成功するとは思えないので、せっかくのこのアドバイスも却下することにした。

それにしても、これほど多くの人が、わたしの将来の心配をしてくれたというのは、わたしの写真家としての将来がよほど危ぶまれたのだろうか。

われながら不安な思いをさせたものだった。

●人のつかい方発見

二十年間の会社勤めは、もちろん楽しい思い出ばかりだったわけではない。だが、多くのことを学ばせてもらったと思う。

なかでも人のつかい方というのは、ずいぶんわかったような気がする。

まずだいいちに、従業員というのは、経営者的な考えなどまったく理解できないということである。

よく、新聞や雑誌の社長のインタビュー記事などで、

「社長になったつもりで働け」

などと言っているのを目にするが、そんなことは絶対に無理である。

経営者として考えるためには、経営者としての給料や待遇が必要で、それがあるからこそ経営者の発想になるのである。

ところが、給料や待遇はそのままで、大きな視点から会社を見つめろなどと言われても、それは見つめるふりぐらいはできるが、しょせん視点は宙をさまよっているのだ。

よく、経営方針をヒラの社員に考えさせて、悦に入っていたりする経営者もいるが、

あんなものは、社長が、

「こんなものか。やっぱり、あいつらは甘いな」

と自己満足するだけのものにすぎない。

それに、ほんとうに経営者の発想ができるヒラがいたら、とっくにやめて自分で会社を起こすなりしているだろう。

それともうひとつ。会社でも役所でも、どうしても減点主義で人を判断しがちである。だが、これでは社員の力は伸びていかない。

給料にしても、地位にしても、絶対に加点主義で判断していくべきだと、これも会社勤めの経験のなかで痛感した。

しかも、経営者は社員の失敗を厳しく責めがちだが、これもいけない。社員の失敗の原因は、その社員のつかい方が悪かったことにほかならないのである。

またも慶喜をもち出して恐縮だが、慶喜は、

「貴人、情を知らず」

と言われたこともあったが、少なくとも家臣を怒鳴りつけたり、失敗を家臣のせいにするようなことは決してなかった。使用人には、女中にいたるまで、つねに優しく接したという。

このことだけをとってみても、慶喜はやはり人の上に立てる人物だったように思う。

わたしは、経営者の経験がないので、当然、経営者に対しては厳しくなる。

だが、こんなに上手な人のつかい方を学んだというのに、わたしが人をつかうことになる可能性がほとんどないというのは、もったいないような気もするのだが……。

●人を雇うことは楽ではない

わたしが人を大勢雇ったりすることは、これから先もないだろう。

社会に出て、人の上に立つことがいかにたいへんであるかを痛感しつづけた。

従業員は、上にいる人間のいい思いをしているところだけしか見ないけれど、あれはやっぱり楽ではない。経営者にならなくてつくづくよかったと思えるほどである。

会社でいえば、かつてのわたしのように下っぱで給料をもらっているのが、いちばん楽なのである。

なにがたいへんといって、お金の心配をしなければならない。自分の金ならまだいいが、他人とか会社の金の心配である。社員の給料のこと、手形のこと。

わたしなどは、それを考えただけで嫌になってくる。あれほど身体に悪いこともちょっとないのではないか。

人の上に立つといえば、徳川慶喜はその頂点に立った。自分から望んだわけではなかったが、押し上げられるように、頂点に立った。

結局、徳川幕府最大の危機に直面させられ、幕府崩壊の責任もすべて押しつけられた。

「人の一生は重い荷物を背負って坂道をのぼりつづけるようなものだ」

というのは、徳川家康の言葉だが、慶喜もまた、この言葉が好きだったらしい。坂道をのぼった果てに、頂点まで行った。頂点は断崖絶壁のとんでもないところだった。しかし、慶喜は下りの人生も味わうことができた。もう二度と、人生をのぼるつもりにはなれなかっただろう。

●サラリーマン徳川慶朝の評価

「でも、慶朝さんみたいな社員がいたら、経営者もやりにくいんじゃないでしょうかね」

と言われたことがある。

「どういう意味で？」

と聞き返すと、

「だって、将軍家の末裔をアゴでつかうっていうのはやりにくいだろうし、ほら、いろいろと家系的にもつながりがありますでしょ」

なんとなく言いにくそうである。

だが、言いたいことはわかるような気もする。

たしかに、前の会社の社長も、変に気を回しすぎて、わたしに対して扱いにくいなと思っていたようなふしはある。

だが、四代前ならともかく、いまのわたしには社長に圧力をかけるような力などないし、あったとしてもそんなことをする気はない。

だいたい、権威とか家柄などを自慢しようという気持ちがあったら、写真家などという職業を選ぶわけがない。

むしろ、わたしは逆に、その手の人間関係を避けすぎてきたのかもしれない。

たとえば、まだサラリーマンだった頃、わたしが『将軍が撮った明治』を朝日新聞社から出版したときも、社長はちょっと気を悪くしたようだった。

「わたしに言ってくれれば、いくらでも出版社を紹介したのに、何でひとこと言ってくれなかったのか」

ということも言われた。

だが、わたしはそういう紹介に頼らず、純粋に写真の価値を認めてくれるところから出版したかったのである。

それに、もしも社長に紹介を頼んでも、かならず、あらゆるところで、

「あれは僕が紹介してやって、出版にこぎつけたんだ。徳川君はうちの社員で、いつも目をかけてやっているんだ」

というようなことを言って回るだろう。そういうのも嫌だった。

だが、これはサラリーマンの発想ではないだろう。

サラリーマンなら、そういった恩を着せられることも含めて恩義を受け、その人間関係を密接にしていくのだろう。

そういう繰り返しのなかで、自分のポジションを確立していく。

それが、おそらく正当なサラリーマンの道なのである。

そういうことができないわたしは、しょせん、サラリーマンとしては失格する運命にあったのだと思っている。

一市民としてのんびりと生きる

●慶喜は趣味の百科事典

以前、「サライ」という雑誌で、徳川慶喜の特集記事がつくられた。

「元祖趣味人・徳川慶喜の毎日が日曜日」というタイトルで、慶喜の趣味と凝り性ぶりが、十四ページにわたって紹介された。

「サライ」では慶喜の趣味を、刺繡、工芸、陶芸、写真、油絵、乗馬、サイクリング、ドライブ、狩猟、釣り、投網、弓、能、書、和歌、囲碁、将棋の十七項目に分類していた。

これだけでも、ひとりの人間の趣味としては充分すぎるくらいの数だが、このほかにもまだあった。フランス語、俳句、日本画、鶴の飼育、打毬《だきゅう》、楊弓《ようきゅう》、小鼓《こつづみ》、放鷹《ほうよう》などである。

ほとんど趣味の百科事典のような人だった。

しかも、どれひとつ中途半端にはせず、名人とまではいえないまでも、上手の域には達していた。

慶喜の人生は、前半生をなしにすれば、理想の生涯ではないか。悠々と自分の好きなことに没頭する日々。

日本の総理大臣経験者などは、総理を辞めたあとも、いつまでも権力の近くにしがみついているが、どうして慶喜のような豊かな人生を送ろうとはしないのだろう。

もちろん慶喜にも孤独という暗闇もあっただろうし、誰にも言えない悩みも当然、あっただろう。

だが、とくに前半生と比べたとき、後半の慶喜は日々の幸せをより実感できたのではないか。わたしはそう思っている。

「そりゃあ、誰だって、できれば慶喜の後半生のような人生を送りたいですよ」

と、多くの人は言う。だが、

「ほんとに？」

と、わたしが問い直すと、人はかならず、ちょっと慌てたそぶりをして、こうつけ加えるのである。

「ただし、金が許せばの話ですよ。慶喜だってそうでしょ」と——。

ほんとうに、金がなければ、慶喜の後半生のような人生は送れないのだろうか。

●車は必要か

慶喜は大正元（一九一二）年、すでに自家用車を持っていた。まだ、日本にほとんど車がなかった頃である。有栖川宮《ありすがわのみや》がヨーロッパ旅行をしたみやげとして、慶喜に贈ったものだった。

車種はダイムラー。大正元年に撮影した写真が残っているが、傷ひとつなく、美しい輝きを放っている。

慶喜自身はこの車をたぶん自分では運転していないだろう。

馬車のときは、人けのないところに行くと、馭者《ぎょしゃ》に無理矢理、馬を操るのを交代させ、家令や家扶らが心配するのをよそに、驚くほどのうまさで二頭立ての馬車を扱っていた。その慶喜も、さすがに車の運転は難しかったのではないか。

なお、この車は、熱心にゆずってくれという人が現れ、ついに根負けして手放してしまったらしい。その代わりに、パッカードの新車を購入したのだが、それでもまだお金が残るほど、高い値段で売れたのだという。これはわたしの父の話の受売りである。

曾祖父が日本でも数番目という早さで自動車を入手したのに比べ、わたしのほうは、二十代になっても、

（たぶん、自分の車を持てるようになんてならないだろう……）

と思っていた。だから、自動車の免許も持っていなかった。原付免許のみだった。

▲慶喜の自動車。入手したのは大正元(1912)年。当時、日本には自動車は数少なく、新しもの好きの慶喜が車を手に入れたのは、日本で数番目といわれる。

ところが、二十九歳ぐらいのとき、近くに住んでいた知り合いの自動車教習所の人が、

「車の免許を取りにいらっしゃいよ」

と、誘ってくれた。そこで、ようやく免許を取ることにした。

だが、この自動車学校通いが、いまから思えばずいぶんといいかげんなものだった。重役から検定員までみんな知り合いだったから、なんだか、世間話でもしに行っているような感じだった。

その教え方は、とにかくどうすれば鮫洲《さめず》の試験場で合格できるかというところに徹していて、上手なドライバーを育てようなんて気持ちはないらしかった。

場内検定の前日、

「あのお、S字が苦手なんですが……」

「あ、そう。でも、大丈夫だよ」

「だ、大丈夫ったって……」

「だから大丈夫だって」

と、ずいぶん適当なのである。なにが大丈夫なのか不思議に思っていると、次の日の検定コースにはS字カーブがなかった。つまり、そういうことなのだった。

そんな調子だから、教習所で運転を習い、鮫洲で試験に合格しても、路上で運転するのが恐くて仕方なかった。事故を起こしても、教習所と違って先生のせいではすまないのである。

わたしは、ホンダの仕事をしていた頃、鈴鹿の安全運転普及本部の先生が、白バイのドライバーなどをビシビシ教えているのや、一般ドライバーに車の怖さを叩きこむのを見ていたため、教習所の教え方にはあきれるのを通り越して、怖くなってしまった。

たとえば、広いところで思いきりブレーキを踏むとどうなるかとか、つるつるすべる路面でハンドルを回したらどうなるかまで、教習所で教えるべきではないだろうか。

そういうような訓練を受けた人でないと、自分で運転するのはもちろん、安心して同乗することもできない。鮫洲の免許だけでは怖いと実感したものである。

なにはともあれ、わたしは車の免許を取得し、中古の車を買って、自分で運転するようになった。

ところが、あれほど憧れた車の運転だったが、いざ免許を取ったら、三カ月で飽きてしまった。

しかも、行く先々で駐車する場所の心配はしなければならないし、車なんて、なければないで、なんの不都合もないことに気がついたのだった。

アメ車に憧れた時期もあった。

江戸幕府はペリーの来航で激動を迎え、ついにはひっくり返ってしまったけれど、徳川慶喜個人の人生にとっても、きわめて大きなできごとだった。

もしもペリーの来航があと十年早かったら、あるいは逆に遅かったら、慶喜が将軍になったかどうかはわからない。だれか、別の人が将軍に引っ張り出され、慶喜はあれほど劇的な人生を送らずにすんだかもしれない。

とすると、アメリカが、わたしの一族に与えた影響たるや、大変なものがあったのである。

そんなアメリカだが、わたしは子どもの頃、この国に大きな憧れをもっていた。もちろん、テレビドラマや映画を通してである。

まず、女の人が、金髪の素晴らしい美人ばかりである。

もっとも、これはあたりまえのことで、テレビドラマや映画に出るのは、きれいな女優ばかりなのである。しかし、子どものわたしは、アメリカとはあんな美人ばかりがいる国なのだと思ってしまった。

家庭生活にも目を見張った。クーラーや大型冷蔵庫があり、その冷蔵庫にはいつも自家製のパイが入っていたり、毎日のようにおいしそうなローストチキンを食べていたりする。

そして、庭先には、あの巨大なアメ車である。

アメリカの家庭生活が、まるで、地上の楽園のように思えたものだった。

ところが、そのうち日本も豊かになって、クーラーも冷蔵庫も車も、買おうと思えば買えるようになった。ローストチキンだって、食べようと思えば、毎日、食べることができる。

それでもわたしは、子どもの頃に刻みこまれた憧れのせいで、ウェスティングハウス製のツインコンプレッサーの直冷式冷蔵庫がずっと欲しかった。

ところが、そのことをハワイ在住の日本人に話したら、

「アメリカに住んでいる人は、皆、日立やナショナルのほうがいいし、そちらのほうを欲しいと思っているんですよ」

と言われて、何だかがっかりしてしまった。

もうひとつ、憧れだったのは、キャデラックである。とくに、昔のオープンカーにはため息が出るほど憧れた。

ところがこれも、いまになって思えば、つかい道が乏しいことに気がついた。雨の日は乗れないし、仕事にもつかいにくい。しかも、キャデラックのオープンカーに似合うような景色が、日本にはほとんどない。

そんなわけで、アメ車に金髪美女を乗せてドライブするという夢も、いつしか薄らいでしまった。

同じく憧れたキャデラックのロングボディーリムジンにしても、ハワイに行ったら、タクシーとしてばんばん走り回っているではないか。

もちろん乗るには乗ったけれど、あれほど夢想したわりには、何だか少しも面白くなかったのである。

やはり、夢というのは叶わないほうがいいのだろう。

●バイクで充分

「でも、家族があると、やっぱり車があるほうがいいですよ」

という人もいるだろう。

だが、ほんとうにそうだろうか。

その後、わたしは中古車数台を乗りつぶし、生まれて初めて新車を買うことになるのだが、じつはこれが不運の始まりだった。

車種はごく普通の大衆車だったが、

「いちばん安いやつにブレーキだけはいいものをつけてください」

と注文し、十数万円をはたいてABSブレーキをつけてもらった。実用一点張りのわたしとしては、これで満足だった。

ところが、この新車におはらいをしてもらおうと神社にもって行くと、すでにパンクしているではないか。

以来、フロントガラスに小石がぶつかって取り替えたのが二回。止まっていてぶつけられたのが三回。とどめは、わたしが運転していたときではなかったが、ほとんど全損になってしまった。

よほど運のない車だったのだろうか。

だが、どこの家でも、大なり小なりこうしたことを繰り返しているはずである。

よくよく考えてみると、果たして車はほんとうに必要だったのか、それは日本の家族の幸せに貢献しているのか、怪しくなってくるはずである。

わたしは、若い頃は原付バイクを愛用していた。これで日本中を旅していた。車で旅行した場所よりも、原付バイクで行ったところのほうが、はるかに多いくらいである。

わたしはなにを言おうとしているのか。

つまり、のんびりと自分の好きなことをしていく生活に、それほどお金が必要なのかということを言いたかったわけである。

●なければないで、あればあったで

わたしには、極端にストレスがたまってくると、しばしば出かけるところがある。

それは、いまはやりの健康センターである。

スパリゾートなんて格好をつけて言ったりもするが、健康センターという言い方のほうがのんびりできそうな気がする。

わたしが愛用しているのは、日野市の多摩テック・クアガーデン。ここは健康センターにありがちな食事のまずさを克服しているので、すっかり気に入ってしまった。

ここで、一日ぼんやりと、風呂につかる。そして、ごろごろする。

お金なんて安いものである。一日数千円。いまどき、パチンコでもすれば、ものの十分で消えていってしまう。

お湯はあそこから湧き出す本物の温泉。お金などつかわなくても、充分、のんびりできる。

お金に余裕があるときは、旅に出て、温泉にもつかってくる。

わたしの旅行は、あまりいろんなところをふらふらしたりせず、一カ所を決めたら、そこでとにかくぼんやりする。

たまには奢って、高級といわれる旅館に泊まったりもする。

伊豆に有名な旅館がある。ここはサービスがいいというので、友だちと行ってみた。徳川と名乗っても、いつも聞かれるようなことは絶対に聞かない。

へたな旅館に泊まろうものなら、かならず、例の、

「徳川さんて、あの徳川さんの関係ですか？」

と始まってしまう。

ここでは、ふつうの旅館につきものの、黒ずんだマグロの刺し身も、冷えた天麩羅も出てこない。そして、声をかけられるのは、「ふとんの固さのお好みは？」とか「翌朝の干物はなにがいいですか？」といった、ほんとうに居心地をよくするために必要なことだけ。

あとは、こちらの勝手気ままにさせておいてくれる。さすがに、ほんとうのサービスを知り尽くした宿だと感心した。

たしかに、お金があればあったで、楽しみを得ることはできる。

だが、ふだんは、つかわなくてすむようなところに、無駄なお金をかけすぎてはいないだろうか。

●いい時代になった

わたしはしょっちゅう、大金が転がりこんだときのつかい道について夢想したりするくせに、いままで金持ちでなくてよかったとも思っている。

おそらく金を持っていたら、よけいなことに手を出しては、失敗したり、騙されたりしていただろう。

父の代まではそれもあったらしい。父は、恥ずかしいらしく、絶対に口にしようとはしなかったし、わたしも可哀相な気がして、あえて聞いたこともなかった。さいわい、わたしの代ではそれはまったくない。出させようとしても、出せるお金がないのだから、たとえ巧妙な手口であっても、ひっかかりようがない。

それでもときおり、徳川という名前をつかって事業をやろうとか、イベントをしようなどという誘いはあった。金は引き出せそうもないので、せめてわたし自身をひきずり回そうという魂胆だったのか。ところが、そうした思惑はどれもことごとく失敗した。

わたしはまるで傷つくことはなく、

「金がないのはいいもんだ」

と、つぶやいたものである。

徳川の名前なんて利用しようなどと思ってはいかんのである。元公爵家なんてのも同じこと。体面や世間体なども気にする必要はない。

その点で、父・慶光の人生はそれなりに立派だったと思う。失意や諦めもあっただろうが、見栄などで苦しむ姿は見せなかった。

一市民でいいではないか。

十五代将軍徳川慶喜から四代目。

このあいだに、わが一族にはさまざまなことがあった。時代に翻弄されたとは思いたくないが、そのときどきの人間関係には、ずいぶんと悩まされてきたような気がする。

これまでの四代のうちで、わたしがいちばん幸せなのではないか。いい時代になったものである。

環境汚染や、相次ぐ凶悪犯罪や、政治不信や、バブル崩壊や、企業犯罪などが連日、報道され、ため息ばかりが聞こえてくるなかで、いい時代になったものだと言えるわたしは、やはり少し特殊な立場にあるのかもしれない。

愛すべきひいお祖父さん

●ひいお祖父さんが大河ドラマの主人公に

平成八（一九九六）年の十一月だった。突然、わたしの家にNHKのプロデューサーから電話が入った。

いったい、なにごとかと思ったら、

「じつは、再来年の大河ドラマで、十五代将軍徳川慶喜を主人公にしたいと企画しているのです。ついては、ゆかりの方々の了承を得たいと思ってお電話したのですが……」

という話だった。

えっ、ひいお祖父さんが、大河ドラマの主役だって……。

予想もしていなかった連絡だから、急には返事のしようもない。

「うーん。そう言われても、まいったなあ」

というのが、わたしの返事であった。

なんとも間の抜けた返事だが、それが実感だったのである。

しかし、NHKがやると決めたものを、いくら子孫とはいえ、わたしが反対したからといって、中止したりするものだろうか。その点を聞くと、

「あまり、反対の声が多いときには考え直します」

ということだった。

結局、このときは、はっきりした返事をしないまま、電話を切ったはずである。

それからひと月ほどして、もう一度、電話が入った。

「やっぱり徳川慶喜でいくことに決まりました」

と言うのだ。決まったというなら仕方がない。どうやらNHKでは、わたしだけではなく、いろいろな人の意見も聞いたのだろう。わたしにしても、とくにドラマ化に反対する理由などはないのである。

とっさに思ったのは、

（ひいお祖父さんが大河ドラマの主人公になったりすると、わたしまで有名人にさせられるかもしれないな……）

という、不安のような、期待のようなことだった。だが、それはどうしようもないことである。

しかし、どうせやるなら、いい作品にしていただきたい。徳川慶喜についても誤解のないようなものにしてもらいたい、そんな要望を話し、それから慶喜の研究に熱心な松戸市の戸定歴史館を紹介したりして、ひとまず電話を切ったのだった。

年が明けて、二月頃。

放映のほうは「秀吉」から「毛利元就」に代わったばかりというのに、NHKでは、翌年の大河ドラマは「徳川慶喜」をやると発表した。慶喜役を、本木雅弘くんが演じることも、このとき初めて知った。そのほかの配役も、NHKの看板番組だけあって、そうそうたるスターの勢ぞろいである。

この発表を新聞で見て、ようやくドラマ化の実感もわいてきた。

ずいぶん早く発表するものだと驚く人もいるらしいが、わたしの場合、わずか一年足らずの準備で、脚本からなにから、すべて間に合うのだろうかと思ったほどだった。

そして、この発表があるや、にわかにわたしの周辺があわただしくなったのである。

ほんの数日ほどしたら、

「慶喜家の歴史や、曾孫にあたる慶朝さんの生活などを書いてもらえないか」

という電話があった。

なにを隠そう、この本の企画の始まりだった。

ほかにも、単行本執筆の依頼がもう一社と、雑誌やテレビの取材の申込み、研究書の資料の使用、慶喜の写真貸出の依頼などが殺到してきた。

これまでも、徳川慶喜の子孫ということで、数年に一度くらいは、マスコミの取材があった。多くは、あの有名人の子孫はいまどうしているといったたぐいのものである。どうせ、偉人の子孫のわりにはたいした生活をしていないないといったふうな、笑い者にされておしまいなのだ。だから、この手の興味半分の取材については、ほとんど断ってきた。

だが、これほど取材や原稿依頼が続出したのは初めてである。大河ドラマの影響力の凄さというのを実感したのだった。

じつは、大河ドラマの話と前後して、徳川慶喜家はちょっとした脚光を浴びつつあった。前述したように、わたしの叔母・榊原喜佐子が書いた『徳川慶喜家の子ども部屋』という本が、ベストセラーとなったのである。テレビ番組の「徹子の部屋」に出演したことなどもあって、この本は五十万部を突破したらしい。

このことでも、わたしのところへ、徳川慶喜の遺品などについての取材依頼などがあったりした。そこへきて、この大河ドラマ騒ぎである。

ブームがブームを呼ぶということなのだろうか。

●時代によって評価が変わる

徳川慶喜のドラマをやると聞いても、わたしにはどんなものになるのか、見当もつかなかった。大河ドラマはずいぶん昔に、「勝海舟」だとか「竜馬がゆく」などを見ていたくらいで、このところはすっかりご無沙汰だった。遠い先祖である「徳川家康」でさえも見てなかったほどである。

原作が、司馬遼太郎の『最後の将軍』だとは聞いたが、その時点では読んでなかったので、ストーリーも想像できなかった。

ただ、慶喜という人は、毀誉褒貶《きよほうへん》の激しい人で、視聴者の好き嫌いもあるに違いないのだ。徳川の旗本のなかには、徳川の家をつぶした張本人のように思っていた人も多いから、そのご子孫の方もあまりいい思いは抱いていないだろう。

また、鳥羽伏見の戦いのときは、兵士を見捨てるようにして、江戸に帰ってしまったという出来事もある。このあたりは、見方や立場によっては、さまざまに解釈できるのである。

だいたい、徳川慶喜は、名前が知られているわりには、ドラマや小説の主人公になることはそれほど多くなかった。

それは、慶喜は武人というよりは、政治家だったということもあるし、イメージがつかみにくい人物ということもあったからだろう。

慶喜の評価は、時代によってもかなり左右され、明治前期と明治後期、太平洋戦争当時と現代とではずいぶん異なっている。

興味本位のドラマと違って、まさかＮＨＫが大河ドラマで、そうひどい見方はしないだろうと思っても、やはり心配だった。ふだん慶喜は遠い過去の人と思っていても、いざ、こうしたことになると、やはり身内の感覚で受け取ってしまうのだった。

それに、あまりひどい描き方だと、わたしのイメージにも悪影響を与えるではないか。

そんなことをあれこれ考えるうちに、とんでもない事態になったなあと思ったりもした。

だが、大河ドラマの制作準備が進むにつれ、NHKから連絡があって、宣伝のテレホンカード撮影を依頼されたりするうちに、ドラマの中身が楽しみになってきた。さすがNHKはきちんとしたもので、でき上がった台本も順次、わたしのところにも送ってきてくれた。

わたしの場合、この台本にはほとんど目を通したりしないのだが、わたしの母などは、さっそくこの台本を読みふけっていた。

「先に読んだら、放映のときの楽しみがなくなっちゃうよ」

などとからかっていたほどだった。

わたしとしては、主演の本木雅弘くんの熱演ぶりはもちろんだが、慶喜の子ども時代を演じる子役が見てみたかった。実際、ドラマの中ではかなりの悪童だったという慶喜少年を見事に演じてくれていた。さすがに選ばれた子役だと感心したものだ。

それにしても、慶喜の父の烈公を菅原文太さん、慶喜の母親を若尾文子さんといった大スターたちが演じてくれたのだが、遠いわたしの祖先に有名なスターたちがなりかわるというのも、なんだか奇妙な感じがしたものである。

わたしは幕末から維新にかけての動乱の時期に、どのような出来事があり、誰がキャスティングボートを握って歴史を動かしていったのかなど、くわしくは知らなかった。一年間このドラマを見ることで、かなり勉強できたような気がする。

ただひとつ残念なこともあった。それは大河ドラマのストーリーが、明治維新を中心とし、明治以後の慶喜についてほとんど触れられなかったことだ。

たしかにドラマらしくするには、維新前後の激動期が派手で絵になりやすいのはわかるが、明治以後の慶喜の暮らしも相当に興味深いのである。そのあたりをドラマとして面白くつくってくれたものを見てみたかった気もしている。もちろん、それを補う意味でも本書の意義が少しはあるのではないかと思っているのだが。

●「徳川」は正しくは「徳川」

前述したとおり、わたしの写真や食べ物に対する関心には、先祖からの伝わってきているものがあるような気がしている。ただ、慶喜公の釣りや絵、刺繍、あるいは慶久お祖父様のゴルフなどは抜け落ちたようである。

いろいろなことに興味をもち、熱中する性格はわたしにまで何となく伝わっているが、慶喜公はよくもまあ、たくさんのことに興味をもつだけでは飽きたらず、実際に手を出してよくぞプロ並みの腕になったものだと、いまさらながらただただ感心するばかりである。

慶喜公は、「最後の将軍」をやったり、いろいろと政治家として苦労して、いわゆる仕事上のことではさまざまに語られ、話題になるが、もとはといえば、われわれと同じ人間なのである。たまにはおいしいものを食べたかっただろうし、明治になってからは楽しいこともたくさんした。そういう「人間・慶喜」がわたしは好きなのである。そのあたりを多少なりともご理解いただきたいと思ってこの本をつくった。

歴史的、政治的な話は専門家におまかせし、わたしの曾祖父としての、あるいはひとりの人間としての慶喜公を知っていただくための本づくりをめざしたわけだけれども、読者の皆様はどうお感じになったのだろうか。

わたしは本来、文章を書くことを職業としているわけではないため、お金を払って本書を買っていただいた方々に喜んでいただけるだろうか、ご期待に沿えなかったらどうしようと、そればかり考えて本づくりをしたが、不備の点はなにとぞお許しくださいますよう、この紙面をもってお詫び申し上げたい。

最後に、本書ではあえて「徳川」とつづったことを申し添えておきたい。じつはこの「德」が正式なのである。

わたしが名刺がわりに、カードに筆で自分の名前を書いて渡すとき、相手がよく変な顔をしていることがある。字のまずさもあるだろうが、それよりも徳川の字が間違っているのではないかと思うらしいのである。

だが、いくらなんでも自分の名字を間違うことはない。

わが徳川家の「とく」は、ほんとうは「德」と書くのである。

ところが、さまざまな場所で、ほとんどの場合、「徳川」と書かれる。テレビも新聞も、小説でも、歴史雑誌でも、すべて「徳川」のほうである。一本足りない徳川になっている。

そこで、この本ではとくに頼んで「徳川」の正式の字を使ってもらうことにした。

大河ドラマでも、一般的な「徳川」のほうで統一していたが、じつはわたしのつかっている字が正式だと知っていただければ嬉しい。

なんとかこの本だけは正式の字にしたことだけは、草葉の陰でひいお祖父さんから、

「曾孫よ、よくやった」

と、褒めてもらえるかもしれない。

あとがき

子どもの頃、夏休みの終わりに、つくつくぼうしの鳴き声がとても憎らしかったものです。

まだやり残している宿題が山積みで、つらい思いを毎年していました。

来年こそは最初の時期にすべて片づけてしまい、あとは遊びほうけようと思うのですが、それがどうしてもできませんでした。そんな子どもの頃のことを、この本づくりに際して思い出してしまいました。

大人になってからは宿題からのがれられたと思っていたけれども、どういう巡り合わせか、この本をつくることを引き受けてしまって、作文の宿題をやっている気分で、皆さんにはほんとうに申し訳ないような気がしています。へたな作文にお金を出して買っていただくなんて。でも、この作文は天国の慶喜公からわたしに対しての宿題だったのかもしれません。

本書の企画、制作にかかわってくださった皆様に曾祖父・慶喜にかわって深くお礼申し上げます。

とくに写真・資料の提供を快く受けていただいた斉藤洋一様はじめ、戸定歴史館の皆様、静岡県内を常日頃案内して昔のようすを伝えてくださる薄根貞雄様、編集、制作においてご尽力いただいた㈲メディアプレスの皆様に深く感謝いたします。加えて、印刷、製版、製本所の皆様、流通運送関係の皆様、たいへんお世話になります。

わたしの背中を叩きながら、「徳川さん頑張って」と励ましていただいたおかげで何とか本ができました。わたしを元気づけてくれた、松本優子様、大山英雄様、小村武様、松戸市東山の加藤堅治様、上原寛様、歴史研究家の大庭邦彦様、それから鈴木誉志男様とひたちなか第二種兼業農家組合のゆかいな組合員の皆様、サザコーヒー店のすてきな鈴木美知子様はじめ有能な従業員の皆様、鈴木シド様、サザ将軍コーヒー工場長鈴木太郎様、世話役の鈴木麻紀様、私の恩師前田一郎先生、古牧温泉グランドホテル坂田容子様はじめ全従業員の皆様、奥入瀬渓流グランドホテル奈良岡千鶴子様はじめすてきな従業員の皆様にお礼申し上げます。

平成九年九月

著　者

文庫出版にあたって

文章を書くことにど素人の私が書いたこの本も、なぜか版を重ね、とうとう文庫本出版のはこびとなりました。直すところは書き直したりしている途中に、私と一番長期にわたってつきあってくれた美人女性（私の母、85歳）が入院、加療中に亡くなってしまいました。もともと女性にもてない私は、母にまでふられてしまい、火葬するまでの数日間とてもつらい思いをしました。

文庫本になることは、入院中母には話をしていたので、この本が文庫本となって書店に並ぶ頃には、天国で慶喜公と共に「たくさん売れたらいいね」と見守ってくれると信じています。重版になった折には母の好きだった銀座の「ひょうたん屋」のうな重をお墓におそなえしようと思います。できの悪いむすこで、母には本当に申しわけないと思っています。

平成十五年七月　青森県古牧温泉渋沢公園、渋沢栄一さんの銅像の前にて

徳川慶朝

単行本　一九九七年十月　集英社刊

文春文庫

徳川《とくがわ》慶喜《よしのぶ》家《け》にようこそ
わが家《や》に伝《つた》わる愛《あい》すべき「最後《さいご》の将軍《しょうぐん》」の横顔《よこがお》

定価はカバーに
表示してあります

2003年9月10日　第1刷
2005年8月5日　第10刷

著　者　徳《とく》川《がわ》慶《よし》朝《とも》
発行者　庄野音比古
発行所　株式会社 文藝春秋
東京都千代田区紀尾井町 3-23　〒102-8008
TEL　03・3265・1211
文藝春秋ホームページ　http://www.bunshun.co.jp
文春ウェブ文庫　http://www.bunshunplaza.com
落丁、乱丁本は、お手数ですが小社製作部宛お送り下さい。送料小社負担でお取替致します。

印刷・大日本印刷　製本・加藤製本
Printed in Japan
ISBN4-16-765680-9